浙江文化名人传记精选修订丛书

原 主 编：万 斌

执行主编：卢敦基

逝水人生

徐志摩传

周静 著

浙江人民出版社

图书在版编目（CIP）数据

逝水人生 ：徐志摩传 / 周静著. -- 杭州 ：浙江人民出版社，2024. 7. -- ISBN 978-7-213-11552-3

Ⅰ. K825. 6

中国国家版本馆CIP数据核字第2024SN7365号

逝水人生：徐志摩传

SHISHUI RENSHENG XU ZHIMO ZHUAN

周　静　著

出版发行　浙江人民出版社（杭州市环城北路177号　邮编　310006）

市场部电话:(0571)85061682　85176516

责任编辑　徐　婷

责任校对　姚建国

责任印务　程　琳

封面设计　王　芸

电脑制版　杭州天一图文制作有限公司

印　　刷　浙江新华数码印务有限公司

开　　本　710毫米×1000毫米　1/16

印　　张　12

字　　数　180千字

插　　页　6

版　　次　2024年12月第1版

印　　次　2024年12月第1次印刷

书　　号　ISBN 978-7-213-11552-3

定　　价　52.00元

“浙江文化研究工程成果文库”总序

有人将文化比作一条来自老祖宗而又流向未来的河，这是说文化的传统，通过纵向传承和横向传递，生生不息地影响和引领着人们的生存与发展；有人说文化是人类的思想、智慧、信仰、情感和生活的载体、方式和方法，这是将文化作为人们代代相传的生活方式的整体。我们说，文化为群体生活提供规范、方式与环境，文化通过传承为社会进步发挥基础作用，文化会促进或制约经济乃至整个社会的发展。文化的力量，已经深深熔铸在民族的生命力、创造力和凝聚力之中。

在人类文化演化的进程中，各种文化都在其内部生成众多的元素、层次与类型，由此决定了文化的多样性与复杂性。

中国文化的博大精深，来源于其内部生成的多姿多彩；中国文化的历久弥新，取决于其变迁过程中各种元素、层次、类型在内容和结构上通过碰撞、解构、融合而产生的革故鼎新的强大动力。

中国土地广袤、疆域辽阔，不同区域间因自然环境、经济环境、社会环境等诸多方面的差异，建构了不同的区域文化。区域文化如同百川归海，共同汇聚成中国文化的大传统，这种大传统如同春风化雨，渗透于各种区域文化之中。在这个过程中，区域文化如同清溪山泉潺潺不息，在中国文化的共同价值取向下，以自己的独特个性支撑着、引领着本地经济社会的发展。

从区域文化入手，对一地文化的历史与现状展开全面、系统、扎实、有序的研究，一方面可以借此梳理和弘扬当地的历史传统和文化资源，繁荣和丰富当代的先进文化建设活动，规划和指导未来的文化发展蓝图，增强文化软实力，为全面建设小康社会、加快推进社会主义现代化提供思想保证、精神动力、智力支持和舆论力量；另一方面，这也是深入了解中国文化、研究中国文化、发展中国文化、创新中国文化的重要途径之一。如今，区域文化研究日益受到各地重视，成为我国文化研究走向深入的一个重要标志。我们今天实施浙江文化研究工程，其目的和意义也在于此。

千百年来，浙江人民积淀和传承了一个底蕴深厚的文化传统。这种文化传统的独特性，正在于它令人惊叹的富于创造力的智慧和力量。

浙江文化中富于创造力的基因，早早地出现在其历史的源头。在浙江新石器时代最为著名的跨湖桥、河姆渡、马家浜和良渚的考古文化中，浙江先民们都以不同凡响的作为，在中华民族的文明之源留下了创造和进步的印记。

浙江人民在与时俱进的历史轨迹上一路走来，秉承富于创造力的文化传统，这深深地融汇在一代代浙江人民的血液中，体现在浙江人民的行为上，也在浙江历史上众多杰出人物身上得到充分展示。从大禹的因势利导、敬业治水，到勾践的卧薪尝胆、励精图治；从钱氏的保境安民、纳土归宋，到胡则的为官一任、造福一方；从岳飞、于谦的精忠报国、清白一生，到方孝孺、张苍水的刚正不阿、以身殉国；从沈括的博学多识、精研深究，到竺可桢的科学救国、求是一生；无论是陈亮、叶适的经世致用，还是黄宗羲的工商皆本；无论是王充、王阳明的批判、自觉，还是龚自珍、蔡元培的开明、开放，等等，都展示了浙江深厚的文化底蕴，凝聚了浙江人民求真务实的创造精神。

代代相传的文化创造的作为和精神，从观念、态度、行为方式和价值取向上，孕育、形成和发展了渊源有自的浙江地域文化传统和与时俱进的浙江文化精神，她滋育着浙江的生命力、催生着浙江的凝聚力、激发着浙江的创造力、培植着浙江的竞争力，激励着浙江人民永不自满、永不停息，在各个不同的历史时期不断地超越自我、创业奋进。

悠久深厚、意韵丰富的浙江文化传统，是历史赐予我们的宝贵财富，也是我们开拓未来的丰富资源和不竭动力。党的十六大以来推进浙江新发展的实践，使我们越来越深刻地认识到，与国家实施改革开放大政方针相伴随的浙江经济社会持续快速健康发展的深层原因，就在于浙江深厚的文化底蕴和文化传统与当今时代精神的有机结合，就在于发展先进生产力与发展先进文化的有机结合。今后一个时期浙江能否在全面建设小康社会、加快社会主义现代化建设进程中继续走在前列，很大程度上取决于我们对文化力量的深刻认识、对发展先进文化的高度自觉和对加快建设文化大省的工作力度。我们应该看到，文化的力量最终可以转化为物质的力量，文化的软实力最终可以转化为经济的硬实力。文化要素是综合竞争力的核心要素，文化资源是经济社会发展的重要资源，文化素质是领导者和劳动者的首要素质。因此，研究浙江文化的历史与现状，增强文化软实力，为浙江的现代化建设服务，是浙江人民的共同事业，也是浙江各级党委、政府的重要使命和责任。

2005年7月召开的中共浙江省委十一届八次全会，作出《关于加快建设文化大省的决定》，提出要从增强先进文化凝聚力、解放和发展生产力、增强社会公共服务能力入手，大力实施文明素质工程、文化精品工程、文化研究工程、文化保护工程、文化产业促进工程、文化阵地工程、文化传播工程、文化人才工程等“八项工程”，实施科教兴国和人才强国战略，加快建设教育、科技、卫生、体育等“四个强省”。作为文化建设“八项工程”之一的文化研究工程，其任务就是系统研究浙江文化的历史成就和当代发展，深入挖掘浙江文化底蕴、研究浙江现象、总结浙江经验、指导浙江未来的发展。

浙江文化研究工程将重点研究“今、古、人、文”四个方面，即围绕浙江当代发展问题研究、浙江历史文化专题研究、浙江名人研究、浙江历史文献整理四大板块，开展系统研究，出版系列丛书。在研究内容上，深入挖掘浙江文化底蕴，系统梳理和分析浙江历史文化的内部结构、变化规律和地域特色，坚持和发展浙江精神；研究浙江文化与其他地域文化的异同，厘清浙江文化在中国文化中的地位和相互影响的关系；围绕浙江生动的当代实践，深入解读浙江现象，总结浙江经验，指导浙江发展。在研究力量上，通过课题组织、出版资助、重点研究基地建设、加强省内外大院名校合作、整合各地各部门力量等途径，形成上下联动、学界互动的整体合力。在成果运用上，注重研究成果的学术价值和应用价值，充分发挥其认识世界、传承文明、创新理论、咨政育人、服务社会的重要作用。

我们希望通过实施浙江文化研究工程，努力用浙江历史教育浙江人民、用浙江文化熏陶浙江人民、用浙江精神鼓舞浙江人民、用浙江经验引领浙江人民，进一步激发浙江人民的无穷智慧和伟大创造能力，推动浙江实现又快又好发展。

今天，我们踏着来自历史的河流，受着一方百姓的期许，理应负起使命，至诚奉献，让我们的文化绵延不绝，让我们的创造生生不息。

2006年5月30日于杭州

目录

第一章 海宁的世家

当1897年的新春越来越近时，徐申如期待着一个孩子的降生。他的第一个妻子没有生养，临产的是继娶的钱氏。这在徐家是件大事，徐老太早就请了接生婆，缝了催生的毛头衫，甚至已经做好了正月里儿媳妇坐月子的一切准备。年关添丁，忙是忙些，但她劳碌得挺精神，唯望老天保佑，这个媳妇肚子争气，让她抱上孙子。

徐家世代居住了400年的浙江海宁硖石镇，因城中有东西二山得名，有河从中流过，所以硖石又名硖川。硖石地处吴根越角，民风温和，历代富庶。到了近代，最发达的行业是米市，名扬浙苏皖。近代化工业的气息第一次吹进硖石是在1882年。那年，上海招商局在硖石设立业务点，上海至硖石的客运航线也随后开通。紧接着，海宁州内最早使用柴油引擎碾米的泰润北米厂在镇上建成投产，机器设备全部来自上海。在碾米机的轰鸣声中，硖石的米市和米加工业越发兴旺，米市街上的过街骑楼下，各路米商云集，市面风雨无阻。

相形之下，比米市历史更久远的酿造行业——酱园，却还保持缸坛、木桶、土灶、地窖的老传统，和当年“冬酒夏酱，两缸起家”时几乎没什么两样。老太爷徐星匏在眼睛越来越不济的时候把酱园传给了徐申如。将家业传给次子的主要原因是长子徐蓉初有比经营酱园更感兴趣的事。徐星匏以善书法而闻名乡里，且精习掌故，有时竟能说得让镇上书香世家的子弟们也自愧不如。父亲的这点爱好影响了徐蓉初，他对笔墨纸砚、横幅立轴的热爱远远大于酱缸，因此，他乐意以收藏、售卖古董字画为业。

而徐申如能盘算，有眼光，敢出手，注定能比父亲和兄长创出更大的家业来。酱园生意的停滞让他有些丧气，他要另起炉灶。当徐申如这个出生于同治末年的年轻人坐着“骅利”号客轮到上海寻找创业机会时，由曾国藩、李鸿章、左宗棠等发起的以自强图存为目标的洋务运动已进行了30多年。在上海，徐申如看到了汽车、火车、电灯、电话，看到了泊在黄浦江上的铁甲钢船，或许还见识了机器织布厂。不管怎样，在经历过最初的惊诧和新奇之后，徐申如一方面意识到，现代化的生活和产业已开始向城镇扩展，他得赶上这个机遇，眼前的新兴行业正是他未来的创业方向；另一方面，在去过几趟上海之后，他也明白了，凭他现有的财力到上海做生意，只有被大商行倾轧的份——他的天地还是在家乡硖石，在那里他还能抢占先机。至于到外面的世界去大展手脚的理想，则要期待他的儿子去实现了。为此，这个相信实业的人更迫切地要将自家的产业开拓出来，他要给儿子最好的教育和发展规划，要让儿子、孙子走出硖石。

一切皆如人意。腊月十三的傍晚，家里用人跑来，向正在做年关盘存结账准备的徐申如报告他喜得贵子。一个自上海回来就已盘算多时的计划终于在这一刻敲定——是他新生的儿子帮他下定这个决心——开办硖石第一家钱庄。回家时他也没有走惯常的路，经过惠力寺对面的宜园茶楼，吃晚茶的茶客们正在散去。他在通津桥拐弯，过吴家廊下，拐角是宝和新酒馆，哥哥蓉初照例风雨无阻地坐在酒馆柜台外的高凳上，斜对面天乐园的伙计正放下三两样酒菜，蓉初悠然地自斟自饮。

过了元宵，接着就是新生男孩的满月酒，喜事连在一起，徐家闹猛了整个年节。男孩取名章垿，字槱森，小字幼申。除了按谱定排“章”字辈外，其余的字是徐星匏翻古书寻的。垿，古时指房屋的东西墙，“槱”字出自《诗经・大雅・朴棫》“芃芃棫朴，薪之槱之”，意为点火烧柴，包含着徐家对男孩未来蒸蒸日上的希冀。但若能料到孩子在35岁时生命就终结于一团火中，徐申如恐怕死都不愿让儿子叫这个名字。徐章垿这个名字一直用到23岁，此后改为徐志摩，后来这个名字行于他的亲友中，更流传于后世。我们不妨舍“章垿”之名，直接用“志摩”来称呼他更亲切些。

徐志摩是徐家的长孙，全家的钟爱和关注自不必说，徐老太和钱氏更是疼爱非常。在4岁前，徐志摩几乎是在祖母与母亲的臂弯里成长的。两个女人的一切起居都以他的作息为参照，一切情绪变化都以他的喜乐为源头。那时的女人把一个婴儿抚养长大正像男人拾掇他心爱的田地，用的是世代相传的老办法。单看这男孩的衣着便知道了：浑身全给裹得紧紧的，脖子也好，胳膊腿也好，都不叫露在外面，怕着凉。可裤子是开裆的，一往下蹲，屁股就往外露，肚子也就连带通风——这倒不怕着凉了！再说洗澡，冬天是不洗的，因为怕冻着。就是夏天，也得用滚烫的水盛在浅浅的一只木头小脚桶里。男孩从不曾心甘情愿地下水洗澡，总哭喊着，手脚乱动，脸涨得通红，水溅了一地。他顶怕的还有一件事：剃头。当剃头师傅把剃刀在油光光的刀布上来回地磨，铿亮的刀刃在阳光里闪，他就开始号啕挣扎，但他被母亲和祖母两个人按着，围布硌得脖子难受也顾不上，只知道那把刀在自己脑袋上前后左右地走，头发刷刷地掉下来。直到多年以后，他都还记得母亲站在离他不远的地方，说："今天我总得'捉牢'他来剃头。""今天我总得'捉牢'他来洗澡。"

尽管这样难受，徐志摩却没有一次逃脱过，他还是很乖的，母亲和祖母也颇以为傲。他刚开始咿呀学语，两个女人就抱着他到街上，让他练习规规矩矩地叫着"伯伯""阿姨"，这是她们心目中孩子聪明乖巧的唯一标准。好在徐志摩并不怕生，与每个人都亲，叫得每个人都乐在脸上。不过女人们也有的是办法把他的不乖举动吓回去，比如说："别哭，老虎来了！""不许吃，吃了要长疮的！""今天不洗澡，晚上叫长毛鬼拖了去！"如果他胆子太大了，她们就骗他是从网船上抱来的，那个头上包着蓝布每天走进天井问要不要虾的渔婆是他亲娘，并说："再闹叫你网船上的娘来抱回去。"女人们的办法是灵验的。幼年的徐志摩从不敢一个人进屋子或单独睡一张床。这在她们看来可不是胆小，而是听话。这样一来，孩子就不会独自跑远，而在她们身边，他就是安全的。

阳光照在"徐慎思堂"前的天井里，老厅越发显得黑且旧，有事时还要挂上"货栈"的"兼职招牌"。所以对徐志摩来说，高厅大屋总比不得天井里的树和头顶上的天。当他坐在连台交椅（未能步行的小孩所坐的椅子）里，睁着乌溜溜的大眼睛，仰起脸蛋，从天井里望着堂上的马头墙、四开柱、蛎壳窗时，徐申如的裕通钱庄顺利开张了。当他把天井里那些因为"长毛"屯军时劈柴而震破的地坪砖踩得咯咯地响，在扁长的天井里蹒跚地跑时，徐申如的“人和绸布号”挂牌营业了。

家业兴隆，财源广进，徐申如自然颇为欣慰。但每次到宜园吃茶，与镇上几个大家族的子弟们聊天，他心里还隐隐搁着一桩事。原来，在硖石镇上，称得上望族的是查家和蒋家。海宁袁花的查家闻名江南。清康熙年间，查家有十人中进士，查慎行、查嗣瑮、查嗣庭兄弟三人相继授翰林院编修，极“一朝十进士，兄弟三翰林”之盛。康熙帝先后题写“澹远堂”和“敬业堂”匾额以赐，并为查家宗祠题匾“嘉瑞堂”。虽然后来雍正四年（1726）查嗣庭任江西乡试主考时所出试题被雍正帝定为诽谤，查家数百口遭牢狱之灾，元气大伤，但世家的声名却一直不曾倒下。作为后起之秀的蒋家以藏书著称，历经三代，以数十万册图籍跻身江南书香门第之列。蒋家最近一次的风光是1898年，16岁的蒋百里中秀才。徐申如一直很看重这个父亲早故、自小由母亲抚养的表亲。那天，试差来报喜时，把一面小锣敲得当当响，亲友邻人向那张六尺长、四尺宽的报捷红纸投去钦羡的目光。当时，新旧两种教育方式并存。一方面，各类新式学堂纷纷出现，另一方面，科举仍在举行，就是那些正在新式学堂里学代数、物理、动物学的少年们也仍按时回乡参加郡试，放榜时仍旧鸣炮奏乐，中了秀才的人仍被视为前程远大。

面对这样的情形，徐申如很可能更热切地期待自己的儿子像蒋百里一样日后成为家族中名登科甲的第一人。只是他不曾意识到，延续了1500多年的耕读仕进的科举制度正在被朝廷内外的维新派们以最快的速度推至灭亡。

1900年，当蒋百里带着秀才身份进杭州求是书院就读时，徐志摩已进家塾接受启蒙。刚满三岁即读书无论怎样讲都是算早的，一般孩子都差不多要到四五岁。这是徐申如对儿子教育之重视的最初显现。请的第一任塾师是硖石镇庆云桥的孙荫轩先生，第二年就换了袁花查家的查诗溥，字桐轸，又字桐荪。查诗溥有个儿子叫查猛济，比徐志摩小两岁，后来也曾为徐志摩儿子的老师。这位出身名门的查先生深受徐申如的信任，他一直教到徐志摩10岁。

旧式私塾里的老先生们大多是读书经年却屡试不第的老学究，他们是中国古代读书人中颇为奇特的一群。徐志摩30岁时在一篇论教育的文章中如此谈起他的这个启蒙老师："我小时候的受业师袁花查桐荪先生，因为他出世时父母怕孩子着凉没有给洗澡，他就带了这不洗澡习惯到棺材里去——从生到死五十几年一次都没有洗过身体！他不刷牙、也不洗头，很少洗脸。脏得叫人听了都腻心不是？"又在日记中写道，自己"因懒而散，美其称曰落拓，余父母皆勤而能励，儿子何以懒散落此，岂查桐荪之遗教邪"！那么，徐申如请如此怪人进家塾做儿子的启蒙师，原因想必不外乎两点：一是查家系江南世家，查先生系名门之后；二是查桐荪确有实学，闻名乡里。徐志摩也确实在这6年中深受查先生言传身教的影响。

但徐志摩在成年后极少回忆家塾的学习生活，也许是当时太小，记忆不深。好在那个时代的私塾都差不多状况，从鲁迅或者蒋梦麟对童年家塾生活的回忆，亦可大略推知徐志摩的启蒙。一般私塾有学生十几二十个，先生从清晨到薄暮都端端正正地坐在上头，底下的学生们自然也不敢乱蹦乱跳。通常，启蒙最先念的书不外《三字经》之类，念得不好脑袋上就要吃先生的栗子。蒋梦麟在成年后如此评价旧式的私塾："在最初几年，家塾生活对我而言简直像监狱，唯一的区别是：真正监狱里的犯人没有希望，而家塾的学生们都有前程无限的憧憬。所有的学者名流、达官贵人不都经历过寒窗苦读的煎熬吗？"想必徐志摩也能接受这样的成长方式，至于徐申如，则始终满怀着这样的信念为儿子规划着前程。

还有一点也比较确信——徐志摩在童年时颇为认真地练过书法。一手好字就像一个人的第二张面孔，大人们肯定这样来督促他。有意思的是，10年后，徐志摩的书法竟给他带来一桩姻缘——有人看了他的文章，见了他的书写，竟决定将自己的妹妹嫁给他。

徐志摩快满6周岁时，徐家老太爷谢世了。后来徐志摩曾写过一篇回忆文章，从华兹华斯一首《我们是七个》的诗，谈起童心之于死亡的无知。他写道：

> 那是我生平第一次可怕的经验，但我追想当时的心理，我对于死的见解也不见得比华翁的那位小姑娘高明。我记得那天夜里，家里人吩咐祖父病重，他们今夜不睡了，但叫我和我的姊妹先上楼睡去，回头要我们时他们会来叫的。我们就上楼去睡了，底下就是祖父的卧房，我那时也不十分

> 明白，只知道今夜一定有很怕的事，有火烧、强盗抢、做怕梦，一样的可怕。我也不十分睡着，只听得楼下的急步声、碗碟声、唤婢仆声、隐隐的哭泣声、不息的响音。过了半夜，他们上来把我从睡梦里抱了下去，我醒过来只听得一片的哭声，他们已经把长条香点起来，一屋子的烟，一屋子的人，围拢在窗前，哭的哭，喊的喊，我也捱了过去，在人丛里偷看大床里的好祖父。忽然听说醒了醒了，哭喊声也歇了，我看见父亲爬在床里，把病父抱持在怀里，祖父倚在他的身上，双眼紧闭着，口里衔着一块黑色的药物。他说话了，很轻的声音，虽则我不曾听明他说的什么话，后来知道他经过了一阵昏晕，他又醒了过来对家人说："你们吃吓了，这算是小死。"他接着说了好几句话，随讲音随低，呼气随散，去了，再不醒了，但我却不曾亲见最后的弥留，也许是我记不起，总之我那时早已跪在地板上，手里擎着香，跟着大众高声的哭喊了。

或许这是徐志摩童年里最深刻的一次不快活的经历。幸福的感觉容易淡忘，顺利的成长有时竟在记忆中少有痕迹。

当徐志摩从私塾毕业时，科举应试已经废除两年了。旧式教育的最大和最直接的动力丧失了，无论在城市还是在乡村，新式学堂纷纷兴起。但另一方面，在乡间，相当一部分新学堂是在解散了的旧学馆基础上建立起来的。第一批受过新式教育的毕业生此时已经毕业工作，他们原本可以承担新式学堂的教书职责，但城市里教师、技术者、记者、律师等行业人才紧缺，因此少有新兴读书人滞留乡间。比如，硖石镇上与蒋百里一起被称为"海宁文武两才子"的张宗祥，就曾在镇上的开智学堂及周边的桐乡、嘉兴的学堂教书。徐申如或许曾想把儿子托付给张宗祥，怎奈到1907年时，张已应聘到杭州的浙江高等学堂任教了。

当时，城市的学校大部分都以新学为主，而乡里的学堂仍在传授桐城派的文章大法。徐志摩11岁时入读开智学堂，他的老师是一位精于桐城派古文的老先生。此人中过举，姓张，名树森，字仲梧。据徐志摩的表弟，也是当时同窗的吴其昌回忆："张先生长方脸，结实身子，浓眉毛，两只眼睛炯炯有光，常吓得孩子们心里怦怦乱跳，又是一位桐城古文家，读一句'……乎''……耶'的文章，那尾声要拖至二分钟以上——我敢赌咒说：就是听龚云甫唱戏，也没有张先生念书那么好听——因为张先生的缘故，也许志摩的脑袋中，也知道天地之间，竟有所谓'桐城派'三字，可以连得起来的怪事。"不过，后来致力于新文学的徐志摩很少提到学作桐城派古文时的情形。

在当年乡风犹存的硖石，徐申如倒是乐意将儿子的文章带到宜园茶楼传阅，于是，"徐申如有个神童儿子"的说法在硖石渐渐传开来。可以推想，11岁的徐志摩在家里或学堂里已常闻"吃得苦中苦，方为人上人""别人怀宝剑，我有笔如刀"之类的鞭策语。因此，尽管这般科举应试的章法已无用武之地，他仍按部就班地将桐城派的古文学得形神皆似。这一经历与他日后以新诗在文坛声名鹊起的事实放在一起，似乎有些突兀，但有一点是可以确信的——这个面孔白净，有个圆下巴的孩子性格里是没有玩世不恭和漫不经心的成分的。

让徐志摩念念不忘的是儿时抬头望天的奇妙感觉。他到上海配了一副近视眼镜，到晚上抬头一看，发现满天星斗，感到无比激动。仰望苍穹时的激动心情，他一直记忆犹新。后来他在著名的《想飞》一文中写道："我们镇上东关厢外有一座黄泥山，山顶上有一座七层的塔，塔尖顶着天……穿着塔顶云，有时一只两只有时三只四只有时五只六只蜷着爪往地面瞧的'饿老鹰'……那是我做孩子时的'大鹏'。有时抬头不见一瓣云的时候，听着虢忧忧的叫响，我们就知道那是宝塔上的饿老鹰寻食吃来了。这一想象半天里秃顶圆睛的英雄，我们背上的小翅膀骨上，就仿佛豁出了一锉锉铁刷似的羽毛，摇起来呼呼响的，只一摆就冲出了书房门，钻入了玳瑁镶边的白云里玩儿去……阿，飞！"对天空的向往将成为他的灵感之源。

与儿子的启蒙教育同时推进的是徐申如在硖石商界和政界地位的提升，从兴办学校到公共卫生、从道路水利到农工商务、从整顿集市到筹集善款，他越来越多地参与乡镇自治机关所管辖的各项事务。徐申如的日渐显达与当时的社会背景——清末民初中国乡绅的崛起不无关系。事实上，官不如绅的现象在晚清渐已形成。在科举制废除之后，读书人群体逐渐边缘化，军人、职业革命家、工商业者等新兴社群迅速崛起。而在小城镇，绅的地位日渐显赫，其中商人又是一个越来越重要的成分，他们从社会边缘走向中心，参与政治的现象在各地已不鲜见，当地商会也成了举足轻重的所在。

徐申如的眼光首先投向的是正在修筑却未能顺利推进的沪杭甬铁路。其时，围绕这条铁路建设的纠纷有二。其一，清政府决定把原定商办的沪杭甬铁路收归国有，而所谓国有，实际上是清政府邮传部尚书盛宣怀以铁路国有为名，将已归民间的铁路路权出卖给英、法、德、美四国，以此为条件向外借款。沪杭甬铁路路权拟售予英国资本家。其二，自1906年9月，杭州闸口至枫泾段兴工铺筑，原定直线从桐乡县境通过，因需征用大面积农田，拆房迁坟，遭当地士绅拒绝，工程不得不停滞下来。针对政府出卖路权一事，1905年，汤寿潜发动旅沪浙江同乡抵制英美侵夺修筑铁路权，倡议集股自办全浙铁路。7月，他在上海成立浙江全省铁路公司，任总理，领导浙江的护路运动。而对于铁路修筑在邻县桐乡受阻，刚刚创办了硖石商务分会并担任总理的徐申如意识到，此事或许提供了在海宁兴建铁路的一次机会，更关键的是，自己若能参股投资，则将获利丰厚。与此同时，海宁的杭辛斋、张宗祥、吴啸庐等乡绅也正商议联名要求铁路改线，徐申如遂成为其间积极奔走的一个。但此建议受到了海宁长安镇农民的反对，1907年6月12日，镇上万名农民捣毁了铁路购地局，一些保守势力也结队威胁要捣毁徐申如的住宅。

但徐申如铁了心要投资这新兴的产业，让铁路过家门。9月28日，他以硖石商会的名义致电杭州浙路拒款会，同时致电农工商部，反对向外借款。10月14日，硖石绅商学界召开国民拒款大会，提倡当地自集路股，挽回铁路。徐申如的积极姿态和雄厚财力使他成为浙江全省铁路公司董事，主要协助汤寿潜奔走规划，筹集资金。

与集资同时进行的是争取铁路在海宁过境。凑巧的是，主持沪杭铁路勘测设计制图工程的恰是徐申如的本家侄孙徐励身，他也竭力支持改线绕道。浙路督办汤寿潜为徐申如、许行彬、吴小鲁等地方人士的诚意所动，批准了改线计划。于是，沪杭铁路改由余杭折行至海宁县境内，以硖石镇的海宁站为转折点，分呈东西和南北走向，几成直角。1908年10月，沪杭铁路杭州至长安段筑成，并开通运料货车。翌年2月，杭州至嘉兴段首次通行客车。铁路在硖石绕的这个弯在后来几十年间成了海宁这个沿海小镇连通沪杭的交通命脉。据《海宁市志》载："民国前期，硖石货运物资稻米与棉纱的运量均超过嘉兴站。"徐申如的眼光、魄力和交际能力在修筑铁路一事上得到了充分的展示，他在新兴现代化产业的投资及由此带来的资本的迅速积累真正开始了。另一方面，投资铁路的成功与获利可能修正了他对儿子的教育规划，成为他日后竭力推动儿子走向金融与政治领域的最初动力。

伴随着家业的兴旺，徐志摩逐渐长大。但在家庭的溺爱里，他没有骄纵起来，这点很难得，他仿佛具有驾驭精致物质生活的天赋。和父亲一样，他有充沛的精力，乐于接受新事物且善于模仿；另一方面，他继承了母亲的亲切、和悦、富于同情。但有一点似乎是不幸的，徐志摩没有继承他父亲的判断力和胆识，相反，父亲的精于谋划和投机策略遮蔽了生意起家时踏实和坚忍的精神，这或许是徐志摩后来性情浮躁的一个原因。而母亲与祖母的过度爱护，日益殷实的家底给予他的快乐童年，让一些可能必要的挫折也远离了他，那种忍受不如意和缺憾的勇力在他的品格中缺失了。

关于徐志摩品性的养成，很多人都追究到徐申如那里。梁实秋曾见过徐申如几次，据他回忆，徐申如胖胖的，头上没有几根头发，下巴很大，浑身肌肉有些松弛，尤其是腹部有些下垂，是一位典型的旧式商人。梁启超在反对徐志摩娶陆小曼时，也曾提到徐志摩对于婚姻的轻率行为根源在于"品性上不曾经过严格的训练"。对此，梁实秋的"举例分析"似乎更委婉些：

> 一个人的性格品质，以及在行为上的作风，与他的出身和门第是有相当关系的。例如，我们另外有一位朋友，风流潇洒，聪颖过人，受过最好的西方教育，英文造诣特佳，照理讲他应该能成为一个有成就的学者或文人，但是他爱慕的是虚荣和享受，一心的想要猎官，尤其是外交官，后来虽然如愿以偿，可是终归一蹶不振，蹭蹬无闻。据有资格批评他的一个人说，这一部分应该归咎于他的家世，良好的教育未能改变他的庸俗的品质。他家在一个巨埠开设着一爿老牌的酱园。我不相信一个人的家世必能规范他的人格。但是我也不能否认家庭环境与气氛对一个人的若干影响。志摩

> 出自一个富裕的商人之家，没有受过现实的生活的煎熬，一方面可说是他的幸运，因为他无需为稻粱谋，他可以充分地把时间用在他所要致力的事情上去，另一方面也可说是不幸，因为他容易忽略生活的现实面，对于人世的艰难困苦不易有直接深刻的体验。

梁实秋认为，徐志摩优裕的家境并不曾糟蹋了他，相反，他文学上的成就，倒可以说是一部分得力于他的家境。但无论如何，一个人心智的成长终究是有残酷蕴于其间的，谁都无法躲避长大成人的过程中所要直面的现实的粗糙和酷烈。徐志摩是成年后方才真正意识到这一点的，并将此归咎于幼年的教育。他在31岁时写了《再谈管孩子》一文，谈到幼儿教育时有如下一段话：

> 你做小孩时候快活不？我，不快活。至少我在回忆中想不起来。你满意你现在的情况不？你觉不觉得有地方习惯成了自然，明知是做自己习惯的奴隶却没法摆脱这束缚，没法回复原来的自由？不但是实际生活上，思想、意志、性情也一样有受习惯拘执的可能。习惯都是养成的；我们很少想到我们这时候觉着的浑身的镣铐，大半是小时候就套上的——记着一岁到六岁是品格与习惯的养成的最重要时期。

这是徐志摩在经历了一些人事磨难之后，在不如意中对自己的成长经历所作的反思。的确，旧式的中国家庭教育有诸多缺憾，比如徐志摩在该文中反复强调的自理能力和独立精神的锻炼，现代的育儿经验或许真能成就另一个徐志摩。但不快乐的是31岁的他，而不是6岁的他。对儿童来说，在现有状况下顺利地成长，没有长时间被失望、恐惧所搅扰，没有被突如其来的变故所劫掠，他就会对现状满足，无所忧虑，哭笑自在，一任自然，就无所谓快乐不快乐。更进一步，或许正因为他的童年如此顺利，如此富足，他敏感、热情、好奇、坦诚的天性才被尽可能完美地保留下来，成为他希求完满人生的原动力。如果用一句话来表述他一帆风顺的童年之于他成长、成熟的影响，那就是青春期的延长让他最大限度地保留了少年气质。

到了1910年农历新年前夕，14岁的徐志摩从开智学堂毕业，开春时分和表兄沈叔薇一同考入省城杭州府中学堂。由于学校是新办的，学生宿舍一时尚无着落，不少学生纷纷转学。徐申如认定杭州府中学堂是当时省内最好的中学，儿子在此就读最为理想，至于宿舍问题，则由姑丈蒋谨旃与时任浙江两级师范学堂监督的沈钧儒联系。沈钧儒出面过问府中学堂监督邵伯絅，复信说："伯絅兄另备寄宿舍，大致四五月间，沈徐张诸郎皆不生问题矣。"于是，徐志摩顺利入读杭州府中学堂，开始了他的中学生涯。

第二章　西湖·北洋·新大陆

徐志摩进入杭州府中学堂，借了别人的眼睛，我们终于可以看清楚他的身量和相貌了。同学郁达夫，一个未满14岁的乡下少年，突然来到了省府的中心，周围的一切看起来都新鲜得让人焦虑。在宿舍里，在课堂上，只得战战兢兢如同蜗牛似的蜷伏着，连头都不敢伸出壳来。而与这种畏缩态度正相反的，是在同一年级同一宿舍里的徐志摩和他的表兄沈叔薇：

> 一个是身体生得很小，而脸面却是很长，头也生得特别大的小孩子。我当时自己当然总也还是一个孩子。然而看见了他，心里却老是在想，“这顽皮小孩，样子真生得奇怪”，仿佛我自己已经是一个大孩子似的。还有一个日夜和他在一块，最爱做种种淘气的把戏，为同学中间的爱戴集中点的，是一个身材长得相当的高大，面上也已经满示着成年的男子的表情，由我那时候的心里猜来，仿佛是年纪总该在三十岁以上的大人——其实呢，他也不过和我们上下年纪而已。
>
> 他们俩，无论在课堂上或在宿舍里，总在交头接耳地密谈着，高笑着，跳来跳去，和这个那个闹闹，结果终于会出其不意地做出一件很轻快很可笑很奇特的事情来吸引大家的注意的。
>
> 而尤其使我惊异的，是那个头大尾巴小，戴着金边近视眼镜的顽皮小孩，平时那样的不用功，那样的爱看小说——他平时拿在手里的总是一卷有光纸上印着石印细字的小本子——而考起来或作起文来却总是分数得的

最多的一个。

这是徐志摩的第一张肖像，此时他14岁，稚气正浓，对天性无所掩饰。这个自小就表情生动、永不怯场的男孩，初次显露他对新环境的适应能力和自然而然引人注目的特质。第二年春，郁达夫转学去了一所教会学校，而徐志摩几乎没有留下关于他的印象。

不过，无论是根据郁达夫的回忆还是徐志摩自己的日记，都很难得出结论说他是一个刻苦勤勉的学生。每逢星期天，他就邀上室友同学一起租条小船畅游西湖，寻访湖畔的高庄、唐庄、蒋公祠，然后去畅园、仙乐园吃些茶点，有时索性在外面吃了晚饭才算结束一天的游程。徐志摩看的那些小说，有些是从离校不远的清河坊上的书店里买的，有些是向同学借的，读小说是他晚上的一项重要的功课。而另一项功课是记日记，他对自己的书写格外珍视，日记本里的文字很工整，他也很留意地把这些文字收藏起来。这个习惯徐志摩保留了一生，并且在他身后，这些日记本连同手稿成了三两个友人争相收藏、纪念、留存的重要遗物，甚至闹得彼此不快，这自是后话。

记录1911年学堂生活的那本日记，逃过了战火，又辗转于日、美、中三国，经历了失而复得，以及随之而来的真伪辩论之后，由北京图书馆出版社（现国家图书馆出版社）出版。从日记中记录的地名、日期、事件的吻合程度，包括徐申如参与浙路公司内部事宜等细节来考察，应该是徐志摩当年的亲笔。

这本日记是从清河坊商务印书馆购得的“学堂日记”，“上面印有中外名人格言、诗句、日月、星期。假日有自修课程、游览地方、亲朋问候等诸目；开学后则有受课细目、预记项目等，颇为仔细实用”。徐志摩便是按照日记本诸项依次记录一天的生活的。如果说徐志摩贪玩而置学业不顾倒是冤枉了他，他有临时抱佛脚的机灵，但还远说不上刻苦。比如1911年4月的清明节，他请假6天回乡扫墓，回校第一天的日记里，他写道：“盖自开校至今，地理、历史两科曾未尝寓目焉，今考期已迫，其将奈何！嗣今以后，苟能攻心于各学科，少事嬉戏，则又何患乎！”但到了考历史那天，他的状态是：“今日为考历史之期，在他人则已熟读无余，顾余性懒，甚雅，不欲从事于书史，虽届考期，亦不过稍稍寓目，勿克久也。历史题为《黄帝尧舜治苗之异同》，因时促，草率甚。”

这种新学堂的读书生活基本上是轻松愉快，没有什么压力的。科举的废除意味着一个学子通过科举取士、出仕为官的立业之路被断绝了，因此，上升性社会变动途径不得不转向。年龄大的童生自然是被淘汰了，但对十几岁的青年而言，只要家境还过得去，或有比较出众的知识积累，那么出国留洋就成为他们寻求进身之阶的一条捷径。胡适就曾在1910年赴京考试前给母亲的信中说：“现在时势，科举既停，上进之阶唯有出洋留学一途。”这种上升性社会变动取向的转变预示着近代中国更深层次的社会结构大变革，越来越多的现代知识分子不得不在社会上自由浮动，徐志摩就将在此大变革之初进入社会。而眼下，在杭州府中学堂，他所感受到的还只是一些西学课程的设立、教育方式的改革和学习生活的丰富。

到了期末，他在日记里摘录下考题，如今看来倒可以管窥当时的中学教育科目及内容：“今日为大考之第一日。上午考历史（题为‘秦启岭南至汉初而绝，武帝复收入版图，试综举而著之篇’），余遗失吕嘉作乱一节。下午考算术题三：一，自某国输入货物一宗，按例应纳税25%，但其中已损坏20%免税，尚须纳银462元，问原价若干？二，鸡犬共头50，共足160，问各若干？三，有ABC之三角形，BC为AB之五倍，AC为AB+BC之3/4，周围之长1890丈，问各边长若干？”“博物题二：一，何谓胎座？约分几种？二，何谓离瓣不整齐花冠？试举例说明之。”“修身考，题一，《易》言保身，《孟》言守身，孔子则言志士仁人无求生以害人，能通其义欤？地理考题二：一，亚洲平原共分几部？其地安在？试举之。二，太平洋沿岸自暹罗湾起至白令海峡止，其间著名之港湾、海峡半岛、岛屿有几，试顺次数之。”“国文题一，魏徵以谏稿讨史官论。经学题二：一，晋昭侯危不自安，而封桓叔于曲沃，其意何如，试申论之。二，郑太子忽辞齐婚说。”在最后一天考完图画课后，他在日记里写道：“大考毕矣，于是整理行装，欲返家乡。斯时也，余心之乐也何如！”

从日记看，这是一段经历世事之前无忧无虑的时光，有对国事的忧虑，有偷闲玩乐落下功课的自责，还有挥斥方遒的豪气，以及赛球、看小说的少年稚气。所有这些情绪在急转，很难留下过多生命的印迹，按部就班的学校生活像个大车轮，带动徐志摩向前行进——他那缺乏挫折磨炼的少年时光仍然在延续，生活的压力还远没有到来。如果说人要在第一次遭受逆境之后，才开始观察周围的人和环境，并借此判断自己所处的状况、所需要做的决定，那么，徐志摩还不幸地生活在幸福里。

1911年秋，辛亥革命爆发，杭州府中学堂停办，徐志摩休学回硖石。到了1913年春，杭州府中学堂改名杭州第一中学，并重新开学。当时的中学修业期限由原来的5年改为4年，主修科目有修身、国文、外语（英语）、历史、地理、数学、博物、物理、化学、法制经济、图画、手工、乐歌、体操等，徐志摩在中断学业一年半后重回校园。等待他的不仅是新学制、老同学，还有一桩劈头盖脸压下来的亲事。

那是开学不久，浙江省都督朱瑞的秘书张公权来校视察，在数百份学生作文中，徐志摩的作文引起了他的注意。这篇作文题为“论小说与社会之关系”，无论是内容还是文体都将梁启超的《论小说与群治之关系》及其文白夹杂的“新民体”风格模仿得惟妙惟肖。张公权还对徐志摩的书法大加赞赏，说从其笔法中看出了这个少年的“骨”与“气”。于是，在大致了解了徐家的情况之后，张公权以出人意料的速度做出决定：将自己13岁的妹妹张幼仪（嘉玢）许给16岁的徐志摩。随即，他寄了封以本名张嘉璈署名的信给徐申如，提议徐志摩与他的妹妹成亲。

关于这桩婚事的缘起，被徐志摩称作“福叔”的蒋百里的叙述，倒是说得更清楚：

> 哪一年是记不起来了……我住在上海二马路的三泰客栈，因同乡人的关系，志摩和他的父亲，随便在我的房间里进进出出，他的父亲因我认识了君劢，也因我，君劢也看见了志摩。君劢有好几个姐妹没有出嫁，看见志摩也很喜欢他。那时，志摩也没有定亲。志摩的父亲，一知道公权、君劢在社会上的地位，也起了心，而且想成就这一段亲事。志摩从小是富于感情的人，被他父亲这么一说，那么一劝，也没有什么坚决的表示；在一个很难描写的环境中，总之张幼仪徐志摩在硖石的丝公所里结了婚，不是

拜天地而是文明结婚的。

从时间上看，如果张君劢早先也见过徐志摩的话，那只能在张公权之前，因为1913年春，张君劢已经到德国入读柏林大学了。但无论这桩婚事的媒人是谁，蒋百里的记述中，隐约透露出徐张姻缘中某些复杂的、双方心照不宣的情境：第一，张家先有此意，并对徐志摩甚为钟爱；第二，徐申如鉴于张家兄弟的社会地位欲速成此事；第三，徐志摩应允得比较勉强。这“很难描写的环境”或许可以从两家当时的状况说起。

张家祖籍江苏宝山，原本家境富裕，到父亲张祖泽这一辈开始中落，以行医为生，后举家迁到上海。张祖泽着眼未来，把儿子们送到海外深造，次子张君劢、四子张公权都曾先后留学日本。张君劢当时是梁启超的得意弟子兼左膀右臂，情同父子，曾在京担任农商部秘书，并与汤化龙、孙洪伊等宪友会成员在上海发起共和建设讨论会，隐奉梁启超为领袖，活跃于京沪政界；选中徐志摩的张公权亦年轻有为，在1913年的12月升任中国银行上海分行副经理。而徐申如也正处于事业如日中天之时。1911年，他递补为浙江省谘议局议员，又被推选为硖石镇董事会总董。这一年，他与人合作创办了浙江省内最早一家火力发电厂——硖石电灯公司，硖石镇用电的历史自此始，徐申如也因此成了名扬苏浙的实业家。他很明白，与张家联姻，儿子日后的发展就有望得到张家兄弟的帮扶。

这个颇有生意头脑和商务作风的乡绅在收到张公权的信后不久，就回了封同意结亲的便条：“徐申如有幸以张嘉璈之妹为媳。”在这段简单的回复里，徐申如不但摒弃了自己作为长辈的姿态，而且迫不及待地表露了对张家，尤其是对这个本是子辈的张公权的好感。无论怎样，意向坚决的徐申如以快节奏和低姿态确保了这段家族婚姻的成功缔结。

在张家子女十二人中，张幼仪排行第八，姐妹行中第二。在83岁时，她通过侄孙女张邦梅的《小脚与西服——张幼仪与徐志摩的家变》一书讲述她与徐志摩的悲欢离合，她一再提到自己“天生强若男子”。这不仅是形容她的眉眼和体格，也道出了她的性格和生命力。这个张家第一个没有缠足的女性，要到

1921年，她一个人在伦敦孤立无助时，才不得不与逆来顺受的日子决裂，并在后来的日子里将生命中的潜力一点一点焕发出来。

1913年，她正就读苏州第二女子师范学校。那时的女子读书，多半是为不久后的新式婚姻做准备，因此，当父母给她看徐志摩的相片时，大家都已是心照不宣。她打开盒子，“瞧见一张年轻人的照片，他的头大大的，下巴尖尖的，还戴了副圆圆的金丝边眼镜”。她一言不发地盖上盒子，说：“我没意见。”然后，她从几个见过徐志摩的兄弟那里大略知道徐家是户好人家，知道徐志摩才气纵横，前途无量。她信赖她的哥哥们，也就信赖这个未来的丈夫。她告诉自己，他和自己的哥哥们一样，是个值得尊敬、对家人和宗亲诚实无欺的人，所以她要求自己下半辈子都要顺着他。不过，她当时不曾料想徐志摩对这桩婚姻并不满意。直到婚后，她才间接了解到，徐志摩只是碍于父母之命或者说是张家的声势，才订婚并结婚的。婚后在婆家住了几年，有个用人告诉她徐志摩第一次看她照片时的情形——把嘴角往下一撇，用嫌弃的口吻道：“乡下土包子。”

在婚事的进程中，张家的确表现出积极主动。张家请来的相命婆说，张幼仪属鼠，和属猴的徐志摩在生肖上不般配，于是，相命婆自作主张地把张幼仪的生肖改成狗，然后宣布这门亲事是天作之合。接着，徐家把象征婚姻坚贞不渝的一对鸳鸯送来，张家接受了这份礼，亲事便定下了。

1915年夏，徐志摩从杭州第一中学毕业，随后考入北京大学预科，借住在“福叔”蒋百里家。位于北京东城锡拉胡同的蒋宅是西式房子，布置得十分考究。但秋季开学后不到一个月，徐志摩被急招回乡完婚。定在11月的婚期临近时，张幼仪的嫁妆队伍轰动了整个硖石镇。这些从欧洲买来的桃心木家具或象牙制的中国家具，多到一节火车车厢都塞不下，而不得不从上海用驳船运到硖石。

在结婚几个星期后，徐志摩并未返京，而是就近到上海的一家教会学校——上海浸信会学院读书，很难说在随后的半年里，除了外语，徐志摩在学业上能有多大的精进。他的同学，后来成为著名法学家的宁波人吴经熊回忆，在他对升学还懵懵懂懂的时候，徐志摩就早已定下了到北洋大学攻读法律的意向，他是从徐志摩那里了解到有关法律专业的情况和前景，才决定一起报考北洋大学法学院的。不过，最后在法学上有所建树的却不是早早立下志愿的人。

秋天，徐志摩顺利转到天津的国立北洋大学，再次北上求学。这个创办于1895年的近代中国第一所新式大学在国内享有很高的声名。1916年秋，徐志摩进的是北洋大学新生法科预备班，这个班里学生的任务主要是补习报考本科的各门课程，期满经考试合格者升入本科，未被录取者则出校。吴经熊在他的自传《超越东西方》中曾回忆徐志摩在北洋大学时以英文名字励志的故事：当时每个学生都要自己选择一个英文名，徐志摩给自己取了一个和美国第一任财政部长亚历山大·汉密尔顿一样的名字，他"选了汉密尔顿（Hamilton），因为他很想成为大立法者和经济学家。这样他就会被人们称作'汉密尔顿·徐'了"。后来他做了吹芦笛的诗人，与曾经梦想的"汉密尔顿"那样的人物渐行渐远了，也就不再用这个名字。在徐志摩进校一个学期后，1917年2月，教育部发出训令，北洋大学专设工科，北洋法科学生转入北京大学法科学习。这年回乡度完暑假之后，徐志摩转入北京大学法学院，并以旁听生资格攻读政治学，同时学习法语、日语，只是学得不精。第二年3月，长子徐积锴降生，21岁的徐志摩做了父亲。

1918年的北京，城头变幻大王旗，杀伐不绝。徐志摩此次进京，正值段祺瑞反对张勋复辟，以"讨逆"之名东山再起。他的"福叔"蒋百里在段祺瑞的总统府里挂了个顾问的头衔。这也是梁启超、汤化龙、林长民等研究系派在政治上炙手可热的短暂时光。但随着在中国西南建立研究系武力根据地的计划终成泡影，这一年年底，梁启超便失望地辞去财政总长一职，宣布结束官场生涯。

因此，当徐志摩由张君劢引见，拜访这位学界、政界、舆论界的重量级人物时，梁启超已回归书房著书立说，写着《中国通史》。据说徐申如以1000块银圆作为儿子的拜师礼，其实以当时大学教授基本月薪200元的标准来衡量，这笔礼金并不算高得离谱。促成拜师一事的，是徐志摩的才气，当然还有内兄张君劢和"福叔"蒋百里两人与梁启超的师生情谊。从这个拜师的决定可见徐申如的远见和苦心，要知道，胡适结识梁启超还在徐志摩之后呢。对徐志摩来说，这位比他父亲只小一岁的老师，将给予他与父亲的家庭教育方式迥然不同的关爱和策励。在他后来10多年的生命里，梁启超对他的事业和生活的影响力是相当大的。

不过，眼下，徐志摩要赶紧南下，为赴美留学而积极准备了。1918年8月14日，徐志摩在上海十六浦码头告别专程从硖石赶来送行的祖母、母亲和父亲，搭乘南京号海轮启程赴美。他要入读的既不是名校也不是政经类的专业，而是位于马萨诸塞州的克拉克大学历史系。不过，这并不影响徐志摩踌躇满志的心情，在轮船过太平洋时，他写下《赴美分致亲友书》，感怀国难之际，决心勤勉苦学，期待负笈归来做中国的汉密尔顿：

> 诸先生既祖饯之，复临送之，其惠于摩者至，仰其期于摩者深矣。窃闻之：谋不出几席者，忧隐于眉睫；足不逾闾里者，知拘于蓬蒿。诸先生于志摩之行也，岂不曰国难方兴，忧心如捣，室如悬磬，野无青草，嗟尔青年，维国之宝，慎尔所习，以鑳我脑。诚哉，是摩之所以引惕而自励也。传曰：父母在，不远游。今弃祖国五万里，违父母之养，入异俗之域，舍安乐而耽劳苦，固未尝不痛心欲泣，而卒不得已者，将以忍小剧而克大绪也。耻德业之不立，惶恤斯须之辛苦；悼邦国之殄瘁，敢恋晨昏之小节。
>
> ……
>
> 或曰：子言之易欤，行子之大者有之而未成也，奈何？然则必其持之未确也，约之未信也，偏于内则俭，骛于外则紊，世有英彦，必证吾言。况今日之世，内忧外患，志士贲兴，所谓时势造英雄也。时乎时乎，国运以苟延也今日，作波韩之续也今日，而今日之事，吾属青年实负其责，勿以地大物博，妄自夸诞，往者不可追，来者犹可谏。夫朝野之醉生梦死，固足自亡绝，而况他人之鱼肉我耶？志摩满怀凄怆，不觉其言之兀而气之激，瞻彼弁髦，怒如捣兮，有不得一吐其愚以商榷于我诸先进之前也。摩少鄙，不知世界之大，感社会之恶流，几何不丧其所操，而入醉生梦死之途，此其自为悲怜不暇，故益自奋勉，将悃悃愊愊，致其忠诚，以践今日之言，幸而有成，亦所以答诸先生期望之心于万一也。

这洋洋千言的长文是他第一篇署名志摩的文章，与其说是家书，不如当作徐志摩的青春宣言，字里行间可见其师梁启超的思想和文风的影响。的确，从杭州一中毕业后的三年间，结婚、生子、转学、拜师，忙忙乱乱之间他的学业实际上没有什么进步，他希望留学美国是新生活的开始，更何况立志和许愿本就是年轻人专有的自修课程。

9月4日，徐志摩到达美国西海岸的旧金山，然后向东横跨大陆，经芝加哥、纽约到达克拉克大学所在地马萨诸塞州的乌斯特市。接下来的一年，是为学分而奋斗的日子，在开学不久的一篇杂记中，他写道："十月十五日起，同居四人一体遵守协定章程，大目如六时起身，七时朝会（激发耻心），晚唱国歌，十时半归寝，日间勤学而外，运动跑步阅报。雄心已蓬勃，懒骨尚支离；日者晚间寝将十一时，早六时起身，畏冷，口腻，必盥洗后始神气清爽，每餐后辄迟疑欲睡，在图书馆中过于温暖，尤令懒气外泄，睡魔内侵；惟晚上读书最为适意，亦二十年来习惯之果。生平病一懒字。母亲无日不以为言，几乎把一生懒了过去，从今打起精神，以杀懒虫、灭懒气为第一桩要事。"

一道全新的生活之门开启了。他开始告别在父亲精神羽翼下的时光，虽说这个过程对他来说将是相当漫长的，然而，任何一个少年都必定要这样兴致勃勃地起步。他强烈地感受到登临新大陆后的愉悦和振奋，他说："日者思想之英锐透辟，殆有生以来未尝有也，无论在昔混浊之社会中未尝思念及此，即自从出海以来，至于距今十余日前，其颟顸壅塞，曾未尝一见天日之光也。"这个从小就享受丰裕物质生活的人，面对眼前这个"芝兰世界"，海轮上顾念祖国时的凄怆心情被自惭形秽代替了，他的使命感终究是有限的。他首先树立的留学愿景是尽快达到自我的完善。他决心要"竭力磨其黑暗，剥其丑陋，辟其鄙塞，洗其龌龊，朝夕兢兢焉，而犹惧不逮知矣，而行未从也；立矣而未能前也。即使于此能行矣前矣，而难保他日之投身昔所从来之社会，虽有磨剥辟洗之心，而物欲腐于外，根性（恶根性）突于内，其不丧元常者几希焉！望磨剥辟洗之功也乎！摩以是战栗咒想，戴发弁股勿能自已也"。不管怎么说，新生活激励了他，使他迫切地反思过往的散漫。心性中的少年气质总是最迅速地把新鲜气象召唤到眼前，他也总是最敏锐地感受到周遭环境的变化。这种源自本性的乐观情绪将是他永远趋新的生命力量，也是他一生中最动人最闪亮的星光。

他继续保持着记日记的习惯，和以前一样，他通常只是随带着提到学习生活的具体情形，记录最多的仍然是交游情况，而当时几乎所有的中国留学生都在关注国内轰轰烈烈的新文化运动。尤其是到了1919年春，巴黎和会上传来作为战胜国的中国竟不能收回原为德国占领的青岛，青岛竟反要被日本强占的消息，留学生中间不断有救国集会举行，但徐志摩从来不是留美学生政治演说和讨论会上的中心人物。他没能亲身经历惊心动魄的学生游行和示威冲突，与正在轰轰烈烈推进新文化运动的祖国远隔着大洋，“中国向何处去”的辩论也多半只能从师友通信和周遭同学处间接获知。他时常和梁启超通信，梁启超也会将新写的文章寄他一读。与“外争主权、内惩国贼”的口号相比，梁启超对中西文化问题的关注，对复兴中华文明的信心，以及世界主义的眼光都在渴求新知识新生活的徐志摩心里留下了印象。尤其是世界主义的思想正合乎这个年轻人单纯美好又生机勃勃的理想，梁启超在寄回国内发表的随感《欧游心影录》里这样谈论世界主义的国家：“我们的爱国，一面不能知有国家不知有个人，一面不能知有国家不知有世界。我们是要托庇在这国家底下，将国内各个人的天赋能尽量发挥，向世界人类全体文明大大的有所贡献。”一年多的欧洲之旅给他印象最深的是第一次世界大战后欧洲的社会萧肃和思想悲观，他由此感慨中国传统文化复兴时代的到来，并将此作为欧游的最大收获。至于五四运动的一面思想大旗——民主思想，梁启超也在这个时期的文章中多有提到，这个观念恰是徐志摩后来一直重视的社会政治理念。

那年夏天，当梁启超等人从巴黎出发坐着火车，行程近2000公里，周游二十几个欧洲名城的时候，徐志摩参加了康奈尔大学的夏令班。从当时的日记看，他抱着相当高的指点国事的热情，先去参加了一个中国留美学生的聚会，他写道：“此来盖为有多数国人会集，正好借此时机唤起同人注意。五月四日以来，全国蜂起情事。国内学生已结有极坚固、极致密之全国学生联合会，专诚援盾外交、鼓吹民气，一面提倡国货抵制敌货。吾属在美同学要当有所表示，此职任所在不容含糊过去也。”但是，后来几天的日记里，关于聚会的详情和感想，他没有记载。

到了7月，他到夏令班学习，继续为顺利毕业而努力，但几乎整个暑假补习期间，他一直为人际关系所困扰。在这个浓缩了中国人品格里几乎所有精华和糟粕的小圈子里，他第一次体会到以自己素来的校园经验是不足以应付这各色人等的。临近夏令班结束时，徐志摩被选为国防会《乾报》的编辑部成员之一，但后来一直未见他在这个梅光迪、赵元任都参加的中国留美学生救国组织里有什么突出表现的记录。担任《乾报》编辑部长的是正在哈佛大学师从白璧德就读比较文学的吴宓，但他并不十分愿意做这个编辑部长，他曾毫不客气地评说留美的中国学生，"大都志趣卑近，但求功名与温饱；而其治学，亦漫天宗旨，杂取浮摭。乃高明出群之士，如陈君寅恪之梵文，汤君锡予之佛学，张君鑫海之西洋文学，俞君大维之名学，洪君深之戏，则皆各有所专注"。说徐志摩在美国学有专攻的确找不到有力的支持，他只是泯然于一群籍籍无名的中国留学生中间而已。

在这个夏令班里，徐志摩修得4个学分，与原有的学分加在一起，达到了从克拉克大学毕业的要求。1919年9月，他顺利进入纽约的哥伦比亚大学经济系攻读硕士学位，他要用一年时间达到标准学分，于是，接下来又是一段为毕业而奋斗的日子。到了年底，他在同学会上遇到了刚到美国不久的冯友兰和杨振声等人，杨振声是亲历五四学生示威游行的，他向徐志摩描述了5月4日那天学生游行集会的实况。徐志摩在日记里这样记录杨振声的表述："五四运动，事出偶然。以巡街而谒使馆，折而赴赵家楼，遭拒而怒，怒而破门。破门而章贼苦，有持铁棒槌之，立颠晕。群上殴之，血殷遍体。有践其臂，表嵌入腕。其后日人抱护之，不死仅矣。学生集会时，曾有大汉告语，即有缓急相须，二万之众，指顾可集。众以诚伪不辨，婉谢之。"对于杨振声所谓学生游行集会是被一些京城名流的鼓动激发起来的说法，徐志摩当时持保留态度。

但事实上，那年春天，当德国在山东一切权益直接由日本继承的消息传出后，梁启超同汪大燮、林长民、蔡元培等人立即为青岛的归还在巴黎和北京各方奔走。他们的努力确实为五四当天的学生抗议游行起了相当大的造势作用。林长民撰写了《山东亡矣》一文，在5月2日《晨报》发表，疾呼："国亡无日，愿合四万万民众誓死图之。"与此同时，汪大燮则将消息告知蔡元培，蔡即电召北大学生代表，决议将原定5月7日之国耻纪念日游行提早三天，遂有5月4日北京高校学生高呼"外争国权、内惩国贼"的游行示威。这时候的徐志摩还不知道这个导师辈的林长民在两年后会与他结下忘年交，并把女儿林徽因带进他的生活。

在第二个本命年到来的时候，徐志摩要为硕士毕业论文和官费的博士生名额而奋斗了。他写信给仍在克拉克大学读人口学硕士的朋友李济，请他代办成绩证明、导师推荐等诸多事宜。同时进行毕业论文的写作，他原计划在6月底赶完，但从一开始他就对这个写作计划没有把握。起初他打算跟从社会学教授葛庭斯做论文，但最终没能如期开题。原因在于：第一，葛庭斯不能指导硕士生的论文；第二，欲得社会学硕士必须进一个专题研讨班，但徐志摩不知情，没有提前申请参加，此时只得作为社会学研讨班的插班生，之前落下的半年课程只能放到暑假去补，如果抓紧，秋天亦可获得学位。这样一来，他就要延期毕业了。有人劝他索性不要这硕士头衔了，既然要接着读博士学位，不拿哥伦比亚的硕士学位亦无大碍。但徐志摩决定坚持补课，不管是否争取到省费或清华半官费，都要先把哥伦比亚大学社会学硕士的学位拿到手。

然而，两个多月后，他突然做出决定——抛开哥伦比亚大学的博士学位，跨越大西洋到伦敦去。因为，他被伯特兰·罗素的睿智和文采迷住了。这个曾因发表反战言论而坐过四个半月牢的英国辉格党贵族后裔，正成为世所瞩目的舆论人物。

如果徐志摩能早一个多月赶到伦敦，他或许有机会参加罗素的中国之行，那该是极好的事。不幸，他竟错过了。罗素在8月份就离开英国，在巴黎逗留了近一个月后启程前往中国。徐志摩是9月底从纽约上船漂过大西洋，连中秋节也是在船上过的，到了巴黎，结果扑了空，索性小住数日，打算秋季开学到伦敦的剑桥大学三一学院等待罗素归来。谁知一到英国才知道，罗素早在1916年就因参加反战活动受到起诉而被剥夺了教席。徐志摩的懊丧可以想见，但一个24岁的年轻人对于自己虑事不周，除了无可奈何，还能怎么样呢？

既来之，则安之。更何况罗素是值得等待的。徐志摩在伦敦的中国同学会住下来，随后进入著名的伦敦政治经济学院，随哈罗德·拉斯基（Harold Laski）教授攻读政治学博士。这所位于伦敦市中心的学院以社会、政治、经济为主要学科，与当时已有700年历史的剑桥大学相比，它成立不到30年，资历实在显得年轻。但徐志摩选择这所新兴的大学是颇妥当的，因为，他在美国时曾由于对劳工处境的同情转而接触到马克思的早期社会主义思想，进而钻研过一阵罗伯特·欧文的空想社会主义，以及人道主义、乌托邦思想等，后来追随罗素的思想也是由此而起。投到拉斯基门下，他此前在社会学、政治学领域的研习和积累可以得到延伸和拓展。更何况，徐申如希望他学习的领域除了金融，便是政治，而张君劢曾有言："学政治，在英国。"

虽说同是留学，英国与美国的社会生活还是有很大差异的。徐志摩从纽约来到伦敦，明显感觉到了两个城市在大众物质生活水平上的差距。他在家信中写道："伦敦天气也不十分坏，就是物质方面不及美国远甚，如儿住处尚是煤气灯而非电灯，更无热水管，烧煤而已。"第一次世界大战期间，美国的经济实力和社会生活都经历了日新月异的迅猛发展，世界第一强国的面目已日益清晰，而英国这个曾被称为"世界工厂"的老牌帝国却开始显现出衰落之势，这也是拉斯基修正英国传统自由主义理论的社会背景。

拉斯基是20世纪二三十年代英国著名的费边主义思想家，后来成为英国工党主要的理论家，1945年出任工党主席。拉斯基的费边主义是一种兼顾了自由与公平的自由主义理论，它批判资本主义原始积累时期所暴露的种种问题，认为作为社会机构的国家要以增进社会福利为第一要务。拉斯基的费边主义在经济思想上的一个主要特点，就是认为经济的发展要依赖政府。这个政治经济思想体系，对于来自半殖民地的中国学子来说，可谓是个福音。尽管拉斯基没有来过中国，但后来不少自由主义阵营里的中坚人物，如罗隆基、王造时、储安平、张君劢等都是他的信徒，他们一直期望将拉斯基的政治思想传播到中国，其影响之大，几乎成为现代中国自由主义的主流。20年代末，胡适、罗隆基等一些自由主义知识分子以《新月》杂志为中心，在上海组织了一个费边社式的小团体——平社，翻译拉斯基的著作，研讨费边主义的理论，并以此为借鉴，探求改造中国的自由主义方案。徐志摩也参与过《新月》杂志的编辑，但他的兴趣主要在文学，政论文章写得很少。到了三四十年代，一些当年的自由主义知识分子，如钱昌照、翁文灏等进入政界，主持国民政府的资源委员会，直接以各项政治经济措施为战时中国尽了心力。虽说徐志摩是拉斯基最早的几个中国学生之一，但与这些继他之后追随拉斯基的理论并期待有所作为的人相比，他在伦敦以及回国后关于政治经济的研习和思考只能说是浅尝辄止——他几乎是在入学不到半年就烦闷地转了学，不再专修某个专业，在剑桥大学国王学院随意听课，并将兴趣转向了文学。因此，从现有的资料里，我们几乎找不到他在伦敦经济学院学习的详细记载。

不过，可以肯定的是，徐志摩以极大的热情参与身边的政治活动，一连几个周末，与拉斯基夫人到某个选区为当时的工党领袖游说拉选票。这是他的政治观念逐渐形成的时期，后来他一直将英国的政治模式作为一种理想的国家政体。他认为英国人具有雅典人一样的特性，艺术是他们的天性，政治是他们的本能。回国后，1923年冬天，他在硖石东山脚下独居时，应张君劢之邀，写过一篇政治宣言式的文章《政治生活与王家三阿嫂》，以他特有的诙谐笔调阐述了他的英国式民主政治理想。他对英国人的评价是："英国人是自由的，但不是激烈的；是保守的，但不是顽固的。自由与保守并不是冲突的，这是造成他们政治生活的两个原则；唯其是自由而不是激烈，所以历史上并没有大流血的痕迹（如大陆诸国），而却有革命的实在，唯其是保守而不是顽固，所以虽则'不为天下先'，而却没有化石性的僵。"徐志摩虽然只在伦敦政治经济学院待了不到半年，但民主政治的思想和英国式的"自由而不激烈，保守而不顽固"的思维方式已经深入其心。

不论徐志摩放弃原来的求学规划来到英国在他生命里究竟是多大的一个转折，徐申如对儿子的转学是完全出乎意料的。在登陆英伦后的第一封家书里，徐志摩热烈又急切地描述了正在展开的新生活："有一事为大人所乐闻者，即儿到伦敦以来，顿觉性灵益发开展，求学兴味益深，庶几有成，其在此乎？儿尤喜与英国名士交接，得益倍蓰，真所谓学不完的聪明。儿过一年，始觉一年之过法不妥，以前初到美国，回首从前教育如腐朽，到纽约回首第一年如虚度，今后悔去年之未算用，大概下半年又是一种进步之表现，要可喜也。"

在最初的两个月里，他写了三篇长文：《罗素游俄之后》《评韦尔思之游俄记》以及《安斯坦相对主义——物理界大革命》。前两篇是他最早的政论文章，写得生涩，论述还不得要领。倒是这末一篇介绍爱因斯坦的相对论的文章颇有趣。他在巴黎小住的时候，张君劢送给他一本小册子《相对主义浅说》，到伦敦后，他立即着手以通俗的文字把这个新兴的前沿物理学理论译出来，这时距爱因斯坦提出相对论才15年，即便在世界范围内，能真正理解这个理论的科学家也极少，更别提徐志摩这个物理学领域的门外汉了。但在这篇万余字的文章里，他坚持解释了“相对”“四维”“时间”等关键性概念。事实上，他翻译这个艰深的理论的初衷在于借此举向国人提倡科学的精神，这是当时国内的新文化运动正大张旗鼓倡导的。徐志摩在文章的结尾处这样表达他理解的科学精神：“科学的法令无非是一种适用的假设。只要另外有一个假设出来能够解释宇宙现象更为确切详尽，我们当然迎新弃旧。”

这“迎新弃旧”的观念也是他即将经历的思想脱胎换骨的原动力。一种英国式的精神即将恰逢其时地让他的心性彰显出来，他将找到一种新的、被他称为天籁的言说方式。无论这个生命的转弯有多么不可言喻，他都将以此流传他的名！

第三章　康河的柔波里

登陆英伦的徐志摩仿佛婴儿新生，生活开始变得丰富起来，连痛苦徘徊的日子都瞬间成了天地清旷的良辰美景，这实在是他35年生命里最奢侈的一段时光。

游学不到一年，他确立了精神生命中极重要的三个要素：社会民主的政治理想、自由主义的文化精神和轻灵浮夸的浪漫气质。英国人的优雅舒缓甚至有些散漫的生活节奏是他从前不曾感受过的，却让他觉得亲切舒适；英国人对个人空间的重视与对大自然的热爱，唤醒他对自己内心的关注。从中学阶段便一直保持的记日记的习惯，这时候很自然地转变成一种为自己营造情绪气氛的本领，他渴望拥有富于艺术氛围的休闲生活。而英国人的自制与含蓄给予他施展亲和力的机会——这些都有适应他本性之处，亦带有他个性中的缺陷。

激起徐志摩文艺热情的是林长民。林是梁启超的挚友，两人都是民国初年的宪法研究会（即研究系）成员，曾同在段祺瑞的内阁中任职。眼下，他因受了排挤而辞去司法总长一职，以国际联盟中国协会成员的身份携女儿林徽因[①]游历欧洲的。徐志摩到达伦敦两个月后就遇到了访欧的林家父女，他和林长民的交往从一开始就没有师生或长幼间的隔膜，却有一份忘年的朋友情谊。两人间的了解与契合不足为旁人道，而彼此却有相见即相知的诧异。徐志摩后来曾这样与死于军阀混战沙场之上的林长民对话：“我从最初惊讶你清奇的相貌，惊讶

① 林徽因原名“徽音”，1935年后改名为“徽因”。

你更清奇的谈吐，我便不阿附你从政的热心，曾经有多少次我讽劝你趁早回航，领导这新时期的精神，共同发现文艺的新土。”这个亦师亦友的前辈首先唤醒了徐志摩性情中善感的部分和对文艺新潮的热心。

1921年初，徐志摩和林长民一起参加国际联盟协会会议，结识了当时的会议主席高斯华绥·狄更生（G.L.Dickinson）。狄更生是一个温蔼、慷慨、风趣的英国人，一名反战的和平主义者，没有种族的偏见，怀着人类一家的美好理想，向往古希腊式的健康生活，推崇一切浪漫派。徐志摩是通过狄更生的《希腊人的生活观》了解古希腊的民主政治的。这本书帮助他找到了现代民主政治的源头。他曾说认识狄更生是他一生最大的机缘。所谓机缘，可能是指狄更生帮他转校到剑桥国王学院（King's College）。国王学院与三一学院、圣约翰学院一样，是剑桥大学30多所学院里最负盛名的。他起先以特别生的资格在那里就读，没有学籍反而成全了他可以随意听课的自由。

春天到来的时候，徐志摩就搬到离剑桥六英里的沙士顿镇（Sawston），每天一早坐街车或骑自行车上学，到晚回家。但在这最初的剑桥生活里，他只是个陌生人，谁都不认识，常去的地方也只是一个图书馆、几个教室和三两间茶食铺子。

由同学陈源和正在旅欧考察的章士钊介绍，徐志摩结识了作家赫伯特·乔治·威尔斯（Herbert G.Wells），并开始走进伦敦的文学艺术圈。这位陈源，就是后来和鲁迅以“闲话”大打笔墨战的陈西滢。当时的陈西滢已经在英国生活学习了8年，和徐志摩同在拉斯基门下攻读经济学博士，他比徐志摩更早接触文学，性格上也更冷峻果敢些，以文艺批评见长。关于在英伦与陈西滢的相识和交往，徐志摩的记录不多，两人在归国之初的几年里依然是一同看戏、一道办刊物的好朋友，“闲话”之争后，特别是陈西滢携妻子凌叔华去了武汉大学后，两人的关系渐疏。

徐志摩是顺着伦敦文化圈里作家与艺术家的交往纽带接触西方文化精髓的。威尔斯是徐志摩交往较多的英国朋友之一，他的科学、文学与社会学的素养都相当深厚，他有三部著名的科幻小说：《时间机器》《隐身人》和《星际战争》，被誉为“科幻小说之父”。在这些小说里，他表达了对技术进步带来的副作用的忧虑和对战争机器以及不负责任的政府的批判，相当具有前瞻性。1912年，他曾应英国皇家地理学会的商请，经西伯利亚，由韩国釜山渡海到日本下关，再由下关渡海到台湾寻访一种叫峦大杉的植物。据说，威尔斯行前还对台湾做了一番了解，知道当地疟疾相当普遍，于是携带一批金鸡纳树种子，预备在台湾繁殖，来解决病苦。虽说这批种子并没成活，但当徐志摩去拜访他时，他对眼前这个中国来的年轻人的快意是真诚的。

由威尔斯引见，徐志摩认识了汉学家亚瑟·韦利（Arthur Waley，又译魏雷）。他在大英博物馆专职负责艺术品馆藏，并兼职研究东亚艺术品，出于工作需要他自学汉语。1917年，这个始终都不会开口讲汉语的汉学家翻译出版了《170首中国诗歌》，展示了一个不同于出现在新闻报章中的以文明、慈悲、诚实为准则的东方乐园，这让不少经历了大战创伤的英国人心向往之，也成为他们了解中国文学的主要知识来源。这个对中国传统美学颇为着迷，后来又一气呵成地将《诗经》《论语》《西游记》片段译成英文的学者，常和徐志摩谈论中国和英国的诗歌。这是徐志摩第一次接触文学翻译。当然，由于韦利还是一个东亚艺术品的鉴赏者，两人的话题就又多了中国的书画和文物，况且徐志摩的伯父也有收藏书画的爱好，自然另生出一番亲切来。通过韦利，徐志摩认识了另一位大英博物馆远东艺术馆员、诗人兼剧作家劳伦斯·比尼恩（Laurence Binyon），他的汉学研究在英国影响深远，写过一本专门介绍日本与中国艺术作品的《远东的绘画》（*Paintings in the Far East*），还有许多对现代艺术的评论。

徐志摩受到这个伦敦艺术圈的热情接纳，是以中国艺术被当时的英国现代派艺术借鉴为背景的。中国艺术自18世纪中英贸易以后就深入英国的东方美学想象之中，而且英国早就发展出精致复杂的收藏与鉴赏的品位。韦利和比尼恩工作的大英博物馆远东艺术馆是艺术家与文人经常光顾的地方，不仅如此，伦敦几乎到处充斥着中国艺术的影像、书籍、展览目录、拍卖场、画廊、美术画册、学术杂志等。徐志摩到达伦敦时，中国艺术的影响已不再是将团扇或瓷瓶作为一种画面的背景，而是被内化地吸收融合。就像“中国艺术”这个词，已成为一种美学上的修辞用法，在英国的现代派艺术家和文人眼里，代表着他们所提倡的反透视写实传统的新艺术的精髓，而在徐志摩走进的这个伦敦文化圈子里，更不乏对东方绘画与古画有相当品位的人，他们对中国书画和古董的鉴赏力、对中国传统艺术品质的把握，以及对文物价值的了解同样深刻。徐志摩在异国的艺术圈里重识中国的传统艺术，深切体会到中国艺术在欧陆广受推崇，这或许可以为他后来一直保持的对中国传统艺术的一份热心寻到些缘由。不过，他的热心还有另一番意味，他到达伦敦后的第一封家书里便提到“书画出来盼甚”，他应该知晓当时欧洲的很多博物馆、古董店和私人画廊对这类东西很感兴趣，想必他也不仅仅是为了把书画拿到他的英国朋友们面前仅供玩赏而已。

和徐志摩一样在伦敦学习心理学的傅斯年，正协助威尔斯撰写《世界通史》中有关中国中古史的部分，而徐志摩并未和这些文化的生产者一起合作过任何作品。他醉心的是伦敦文化艺术圈子的气氛，他将自己全然敞开，带着一种唐·吉诃德式的对英国文化传统的热忱，和对自己融入英国上层知识分子社交圈的信心，往来于作家、教授、艺术家、社会活动家和政客中间。他的英国朋友为他的聪明和热情所打动，当然，他是不吝惜在蓝眼睛面前表演他富于异国情调的优雅的，这多少引起了这个艺术圈子的兴奋。韦利在20世纪40年代还记得这个神色飞扬的中国年轻人，他回忆说：“大战过后，有一位在中国已略有名气的诗人到了剑桥。他似乎是一下子就从中国士子儒雅生活的主流跳进了欧洲的诗人、艺术家和思想家的行列。这个人就是徐志摩。”“我们对中国的文学艺术所知已不少了，也略懂二者在古代中国人中所起的作用。但我们却不太清楚文学艺术这些东西在现代中国有教养的人士中的地位如何。我们从徐志摩身上所学到的，就是这方面的知识。”韦利说当时的徐志摩已是在中国略有名气的诗人显然存在记忆的偏差，但徐志摩从这个伦敦的知识分子圈里充分接受艺术的熏陶乃至现代文学的启蒙，则是有迹可寻的，或许韦利的《170首中国诗歌》算得上他的诗艺启蒙读物。他的英伦生活让他获取了从西方视角看中国文化的契机和思路，并且，对他来说，这个视角将一直成为他关注艺术，甚至经营自己艺术化生活的主要知识背景。

上天给予人们东西，总是以出人意料的方式。比如，随徐志摩的英伦生活到来的，是他的妻子张幼仪。徐志摩还在美国时，张君劢就力主把妹妹接到国外陪读，一来可以照应起居，慰藉精神，二来夫妻间感情也不致因山水阻隔而渐次疏远。徐志摩没有反对，徐申如也同意。于是，张幼仪随在西班牙领事馆任职的刘子锴一家跨越重洋。在《小脚与西服》里，张幼仪这样描述她在船上时对夫妻重聚后的生活的向往："我渴望我能像我跟哥哥弟弟聊天那样，和徐志摩交谈，我想帮他忙，助他得到成功与荣誉。"她希望他们像伙伴一样待在简朴的家中，他念他的书，她做她的饭，她甚至幻想自己穿着西服，抱着书本，和徐志摩并肩去上课。但是等她到达马赛港，从等候的人群里认出丈夫时，她便不再有幻想：

> 我的心凉了一大截。他穿着一件瘦长的黑色毛大衣，脖子上围了条白丝巾。虽然我从没看过他穿西服的样子，可是我晓得那是他。他的态度我一眼就看得出来，不会搞错，因为他是那堆接船人当中唯一露出不想到那儿的表情的人。我们已经很久没在一起了，久到我差点忘了他一向是那样正眼也不瞧我一下，好像我不存在似的，将眼光掠过我头顶。

晚年的回忆里当然有怨气，因为她到英国9个月后，徐志摩即向她提出离婚，由此也可想见徐志摩对以传统婚姻方式结合的妻子的冷淡。在他眼里，张幼仪是腐朽的婚姻制度在他面前的真实呈现，让他的新生活蒙上令人尴尬的阴影。别后重聚的生活中，这对夫妻彼此少有交流。

徐志摩把家当作旅店，早出晚归，买菜烧饭等家事自然成了张幼仪唯一的功课，她觉得自己坐着公共汽车去市场，然后拖着食物回家，像家乡的用人一样。经济状况并不算好，一切开销全赖徐申如定期从国内寄来，徐志摩很少在外面吃饭。有几个星期，徐家寄来的包裹里头装着家乡土产和作料，有一回还千里迢迢寄来张幼仪爱吃的大冬瓜。也难怪徐家操心，张幼仪对新生活的适应远不及徐志摩，她除了上街买菜，便大门不出二门不迈，更别说同丈夫一起参加什么聚会或认识当地的朋友。即便不知壁柜里吸尘器为何物，她也没有问一问丈夫，而是一直用扫把扫地。徐志摩倒是请过一个女老师来家里教张幼仪英文，但学了一半的字母后，老师就埋怨路太远，不愿再来了。

张幼仪独自枯坐在这个乡间小屋时，徐志摩正和住在伦敦的林长民热烈地通信，他们以一种几乎不可理喻的方式进行心灵交流：两人虚设了一段乱世情缘，徐志摩扮一个有夫之妇仲昭，而林长民是有妇之夫苣冬，两个情人在1911年兵荒马乱的境遇下鸿雁传书，互诉衷肠。这实在是个矫情的游戏，只有“万种风情无地着”的林长民和年少浪漫的徐志摩才气息相投，有这番兴致。林长民还将自己早年在日本留学时与一个日本女子的恋情和盘托出，后来徐志摩以此为素材写成了小说《春痕》。或许正是林长民“摇曳多姿的吐属，蓓蕾似的满缀着警句与谐趣”的爱情宣讲激发起徐志摩对自由恋爱的渴望，并由此走近文学，将他体内潜伏的热情和执着一并迸发出来。

正是在这样的状况下，林长民的女儿林徽因走入徐志摩的生活。这个有着清丽的容颜、活泼的个性、逼人的才气的女子将给徐志摩带来无限的欢乐和无尽的悲伤。在两人初识的时候，林徽因才16岁，内心却已郁积了多年的烦恼。她的烦恼很大程度上来自母亲。出身于富商之家的母亲与世袭官宦的父亲谈不上门当户对，母亲不善女红，也无持家的本领，更无书香熏陶，因此风流倜傥又是政界名人的林长民对她极为冷淡，而对其妾钟爱有加，且毫不掩饰。另外，几个擅长书法的姑姑也给母亲带来很大的压力。梁从诫曾这样分析自己母亲的性格成因：“童年的境遇对母亲后来的性格是有影响的。她爱父亲却恨他对自己母亲的无情；她爱自己的母亲，却又恨其不争气；她以长姊真挚的感情爱着几个异母的弟妹，然而，那个在半封建的家庭中扭曲了的人际关系却在精神上深深地伤害过她。”林徽因的烦恼是实在的，几乎绵延了她整个童年，而她心思的细密与性情的高傲决定了她把世俗人事的微妙、复杂，以及她对日常尘世生活的思量隐没在内心，而把她的潇洒、敏锐甚至是傲慢示于众人。林长民极疼爱这个女儿，极了解女儿的聪颖，甚至将她视为知己。他曾说，做一个有天才的女儿的父亲，不是容易享的福，你得放低你天伦的辈分先求做到友谊上的了解。因此，林长民对女儿有一份特别的体谅。1920年初夏，他赴西欧访问便携女儿同行。行前曾写信给女儿说：“我此次远游携汝同行，第一要汝多观览诸国事物增长见识。第二要汝近在我身边能领悟我的胸次怀抱……第三要汝暂时离去家庭烦琐生活，俾得扩大眼光养成将来改良社会的见解与能力。”这里有父亲的关爱、期望，也有设身处地的体谅。而对于16岁的林徽因，徐志摩又了解多少呢？那时的徐志摩还不识愁滋味呢。

两人是在林长民伦敦的寓所里再见到狄更生的一次下午茶时初识的，当时已经游历了大半个欧洲并正在伦敦圣玛丽学院读书的林徽因，差点把眼前这个与父亲熟稔的年轻人唤作叔叔。徐志摩在与林长民不可理喻地互致“情书”之时，不可收拾地爱上了这个女孩。陈从周的《徐志摩年谱》对此事说得似乎很确凿：“是年林徽因在英，与志摩有论婚嫁之意，林谓必先与夫人张幼仪离婚后始可，故志摩出是举，他对于徽因倾倒之极，即此可见，而宗孟曾说：‘论中西文学及品貌，当世女子舍其女莫属’。后以小误会，两人暂告不欢，志摩就转舵追求陆小曼，非初衷也。”陈从周是徐志摩的表妹夫，在撰写《徐志摩年谱》和陆小曼打算编《志摩全集》时，与陆小曼颇多书信往来，陆小曼临终前曾嘱咐堂侄女陆宗麟，把梁启超为徐志摩写的一副长联以及她自己的那幅山水画长卷交给陈从周，可见相互的信任。而陆小曼在与徐志摩热恋结婚过程中始终为破坏婚姻的流言所困，陈从周在《徐志摩年谱》中替她澄清此事也可理解，但徐志摩与林徽因在伦敦时有了婚约的说法，却实在没有足够的证据。

在1980年由蒋复璁、梁实秋主编，台北传记文学出版社出版的《徐志摩全集》中的《徐志摩年谱》虽以陈从周的这个本子为底稿，但回避了徐志摩离婚原因是否直接由林徽因而起一事，并删去了以上这段文字，添上梁实秋在为刘心皇著《徐志摩与陆小曼》一书序文中的一段话：“徐志摩值得令我们怀念的应该是他的那一堆作品，而不是他的婚姻变故或风流韵事……徐志摩的婚姻前前后后颇多曲折，其中有些情节一般人固然毫无所知，他的较近的亲友们即有所闻亦讳莫如深，不欲多所透露。这也是合于我们中国人‘隐恶扬善’和不揭发隐私的道德观念的。……而徐志摩的婚变，性质甚不平常，我们尤宜采取悬疑的态度。”这是一个旁观者、一个共同社会情境下的朋友理智公允的评价：对于情事，最好是隐而不发，何况徐志摩确有处事欠妥之处；至于婚变的性质，宜放到当时的社会情境中考量，而对于事过境迁的当代人，很多思路、情节只能存疑了。

尽管如此，情感经历毕竟是徐志摩生命中极重要的部分，爱情的聚散离合直接影响了他的人生目标和生活境遇，体现了他的性情，标志着他的成长。他最为人传诵的诗篇往往是和他的情感经历相对应的，他用最动人最艳丽的词语来描述他那比常人绵长得多的情感。只要还有年轻人自我陶醉在透明的欢愉与痛苦的情绪里，他的文字就会在那几天或几年里一次次闪亮，不管事后想来有多轻多浅多艳。因此，对于徐志摩这个人，除非索性冷眼旁观，如果要去正视他，总没法以一种反讽的姿态，只能耐着性子，仿佛是回望自己的来路。

林徽因的细心或许是导致徐志摩和她在伦敦的那段交往变得扑朔迷离、疑云重重的一个原因。她在徐志摩去世不久就向受托保存志摩日记的凌叔华要英伦日记来看，结果两人起了争执。据林徽因说，凌叔华给她的志摩日记里缺了她和志摩相识并交往的那几个月的记录，而交到林徽因手中的其他日记也从此没了下落。原始记录的缺失使得后来所有的回忆、佐证和议论都显出成年人的乏力，料想那蒸发了的志摩日记必定美丽又饱满得多。

关于徐志摩和林徽因在伦敦的交往，林徽因的密友、费正清的夫人费慰梅（Wilma Canon Fairbank）有这样的说法："我有一个印象，她是被徐志摩的性格、他的追求和他对她的热烈感情所迷住了，然而她只有16岁，并不是像有些人所想象的那样是一个有心计的女人。她不过是一个住在父亲家里的女学生。徐志摩对她的热情并没有在这个缺乏经验的女孩身上引起同等的反应。他闯进她的生活是一项重大的冒险。但这并没有引得她脱离她家里为她选择的未来的道路。"

再看林徽因自己的回忆。离伦敦相识将近20年后的1937年11月，距徐志摩去世也已整6年，在长沙经历战乱、又受肺炎困扰的林徽因，在一封写给沈从文的信中，这样描述1921年那个夏天的坏心情："差不多20年前，我独自坐在一间顶大的书房里看雨，那是英国的不断的雨。我爸爸到瑞士国联开会去，我能在楼上嗅到顶下层楼下厨房里炸牛腰子同洋咸肉，到晚上又是在顶大的饭厅里（点着一盏顶暗的灯）独自坐着（垂着两条不着地的腿同刚刚垂肩的发辫），一个人吃饭，一面咬着手指头哭——闷到实在不能不哭！理想的我老希望着生活有点浪漫的发生，或是有个人叩下门走进来坐在我对面同我谈话，或是同我同坐在楼上炉边给我讲故事，最要紧的还是有个人要来爱我。我做着所有女孩做的梦。而实际上却只是天天落雨又落雨，我从不认识一个男朋友，从没有一个像我所想象的浪漫人物，却还加上一大堆人事上的纠纷。”林徽因的叙述中有明显的幽怨情绪，并且紧接着将其投射到当年的父亲身上：“说起爸爸的演讲，当时他说的顶热闹，根本没有想到注意近在自己身边的女儿的日常一点点小小苦痛比那种演讲更能表示他真的懂得那些问题的重要。现在我自己已做了嬷嬷（妈妈），我不愿意在任何情形下把我的任何一角酸辛的经验来换他当时的一篇漂亮话，不管它有多少风趣！这也许是我比他诚实，也许是我比他缺一点幽默！”不是没有人来爱她，是当时没有人来倾听她的心事，她抱怨父亲在伦敦时忽略了她的心情，并且她的这段回忆里没有徐志摩。平心而论，即便徐志摩确实在伦敦时走进了她的生活，她在多年后仍有意回避，但身处兵荒马乱中的林徽因以眼前的颠沛孤寂忆起客居英国时郁闷寂寥的心情是真实可触的。或许父亲的漂亮话里也有徐志摩的漂亮话，父亲的忽略也是徐志摩的忽略。不论16岁的林徽因是否有足够判断力规划自己未来的婚姻生活，不论她是否对徐志摩的追求有所回应，有一点是可以肯定的，就是1921年的徐志摩并不了解当时的林徽因——他专注于自己的热情却没能走进她的内心，他的感情清澈而盲目。

因此，费慰梅的另一段叙述是有道理的：“思成曾亲口对我说，不管这段插曲造成过什么其他的困扰，但这些年徽因和她伤心透顶的母亲住在一起，使她想起离婚就恼火。在这起离婚事件中，一个失去爱情的妻子被抛弃，而她自己却要去代替她的位置。”这或许就是林徽因所谓的“一大堆人事上的纠纷”，她不愿意纠缠其中，这个情结即便在多年以后她明白了徐志摩毫无保留的情谊时，也一直影响着她。1947年，动完肺部的一次大手术后，她曾托朋友带信给张幼仪请她来医院见一面，两人没有交谈，但林徽因的心情肯定要比张幼仪复杂得多。这场“人事上的纠纷”，即徐志摩与原配张幼仪的婚变，至今仍为人们津津乐道，但当时涉事的各方却深为所困。

徐志摩是在1921年9月初的某天突然向张幼仪提出分手的事，这时张已有三个月的身孕，而此前徐志摩曾叫妻子堕胎。或许是无法直面这有违道德伦常的局面，一个星期后，他竟不告而别，躲到伦敦，而弃怀孕的妻子一个人在沙士顿。徐志摩以此举表示分手显然是不负责任的，但他周遭的中国留学生朋友们却向他致以热烈的欢呼。

一个星期后，他请与父亲颇有交情的黄子美去了趟沙士顿，给张幼仪带去如下的口信："你愿不愿意做徐家的媳妇，而不做徐志摩的太太？"想必徐志摩自己也清楚硖石的父母不会同意他离婚，况且当时他也没想到非要履行离婚的手续，而张幼仪也不会同意离开徐家。于是，最好的办法就是把她送回硖石，留在父母身边，而他就是自由身了。在此前和后来几十年的中国，随着离开乡村到城市去求学谋职的新青年越来越多，因为恋爱婚姻自由的口号而被遗弃在乡间"只做媳妇，不当太太"的女人也越来越多。她们在乡间终老一生，承担扶幼与养老的责任，却永远站不到丈夫的身边去。徐志摩也差点把张幼仪的后半生推到这样的境地，但好在张的几个哥哥有能力给予她新女性的一些生活保障。

对于徐志摩的出走，张幼仪没有告知在硖石的徐申如，而是向二哥求援，张君劢得知徐志摩要与妹妹离婚竟悲痛莫名，给妹妹回信的第一句话居然是："张家失志摩之痛，如丧考妣。"足见这个一生都书生气十足的人对徐志摩的钟爱，这也让张幼仪格外伤心。

在张幼仪独自离开伦敦到巴黎投奔张君劢的时候，林长民和林徽因也启程回国了。独自逗留在康桥的徐志摩，此时却经历了第一场诗情的喷发。

他是在秋季重回剑桥的。在接下去的一年里，他很忙，但不是忙着学业——特别生的资格让他成为国王学院严谨学风无法规限到的边缘人。他所谓的"真正的康桥生活"就是忙着会友人、看风景，更忙着把诗意灵感泼到纸上。康河（River Cam）从剑桥大学城穿过，那些保持着中世纪建筑原貌的学院依河而立，这派英格兰的幽美风光是喧嚣的纽约都市所寻不到的。他的生活在这里拐了个大弯，几乎是跳跃式地朝另一个方向去：徜徉在康河两岸的徐志摩不再想做中国的汉密尔顿了。

他参加了由英国语言学家奥格登（C.K.Ogden）和文学批评家瑞恰慈（I.A. Richards）等人创立的新学会，每周的主要活动是演讲、讨论或辩论，主题往往是一些新的文艺或社会思潮。现在显然无法考证他究竟多大程度上参与了这个聚会的活动，但从他一年后回国之初为张君劢的《理想》月刊写的《青年运动》一文中所提倡的反物质主义思想，可以发现新学会的活动给予他精神上的锐气：

我们不承认已成的一切，不承认一切的现实；不承认现有的社会、政治法律、家庭、宗教、娱乐、教育；不承认一切的主权与势力。我们要一切都重新来过：不是在书桌上治理国家，或是在空枵的理论上重估价值，我们是要在生活上实行重新来过，我们是要回到自然的胎宫里去重新吸收一番滋养，但我们说不承认已成的一切是不受一切的束缚的意思，并不是与现实宣战，那是最不经济也太琐碎的办法；我们相信无限的青天与广大的山林尽有我们青年男女翱翔自在的地域；我们不是要求篡取已成的世界，那是我们认为不可医治的……我们的如其是一个运动，这决不是为青年的运动，而是青年自动的运动，青年自己的运动，只是一个自寻救渡的运动。

他说要“一切都重新来过”，要为新的洁净的灵魂造一个新的洁净的躯体、一个新的洁净的生活，要一个“完全的再生”，而他自己的“再生”将在康河完成。在林长民私人化的风流作派之后，剑桥后园（The Backs）的宁谧灵秀的韵致继续承担了激发徐志摩浪漫心性的任务。他在那里学了些什么，听了些什么课，他极少说起。但他一直骄傲地认为，牛津或是康桥是“十分可羡慕的学府”，“它们是英国文化生活的娘胎。多少伟大的政治家、学者、诗人、艺术家、科学家，是这两个学府的产儿——烟味儿给熏出来的”。他俏皮地将“抽烟主义”作为英国绅士文化的代名词，他的确抓住了当时英国社会文化的时尚：“学会抽烟，学会沙发上古怪的坐法，学会半吞半吐的谈话——大学教育就够格儿了。”

最迅速最原味的文化习得是徐志摩与生俱来的特长，他的艺术趣味、生活理想就是被剑桥的“土巴菰”（tobacco）烟臭熏出来的。成名之后，但凡说到剑桥，徐志摩总毫不掩饰对这一年剑桥生活的感激之情：

我不敢说康桥给了我多少学问或是教会了我什么。我不敢说受了康桥的洗礼，一个人就会变气息，脱凡胎。我敢说的只是——就我个人说，我的眼是康桥教我睁的，我的求知欲是康桥给我拨动的，我的自我的意识是康桥给我胚胎的……在美国我忙的是上课，听讲，写考卷，啃橡皮糖，看电影，赌咒。在康桥我忙的是散步，划船，骑自转车，抽烟，闲谈，吃五点钟茶牛油烤饼，看闲书。如其我到美国的时候是一个不含糊的草包，我离开自由神的时候也还是那原封没有动。但如其我在美国时候不曾通窍，我在康桥的日子至少自己明白了原先只是一肚子颟顸。这分别不能算小。

徐志摩是到自然界来暂时抛却感情挫折的，却意外收获了独处的时光和尽情怀念、向往的自由时空。后来他一直异常珍爱这段在剑桥怡养性情的日子，而关于一个地方的怀念，有时只是关于一个人的。他说："我要没有过过康桥的日子，我就不会有这样的自信的，我一辈子就只那一春，说也可怜，算是不曾虚度。就只那一春，我的生活是自然的，是真愉快的！（虽则碰巧那也是我最感受人生痛苦的时期。）我那时有的是闲暇，有的是自由，有的是绝对单独的机会。"独处最能唤起一个人意识的觉醒，虽然未必自知。在剑桥的那个春天，徐志摩确是因思念而充溢着饱满蓬勃的情感，他当然会写在日记里，可这两本用英文书写的剑桥日记现已不存于世。庆幸的是，他"意外"发现了另一种宣泄方式：写诗。10年后，他这样回忆他诗人生涯的开始：

整十年前我吹着了一阵奇异的风，也许照着了什么奇异的月色，从此起我的思想就倾向于分行的抒写。一份深刻的忧郁占定了我。这忧郁，我信，竟于渐渐的潜化了我的气质。

因为感情的失落而变得忧郁的徐志摩是新的。他平生第一回承受大挫折，第一回体验忧郁。他是一个无法按捺心情、无法对思绪条分缕析的人。不仅如此，他还具有浪漫少年的普遍气质和本领——凝神静气间将情绪汇聚并以最快的速度满溢出来。他说："只有一个时期我的诗情真有些像是山洪暴发，不分方向乱冲。那就是我最早写诗那半年，生命受了一种伟大力量的震撼，什么半成熟的未成熟的意念都在指顾之间散作缤纷的花雨。我那时是绝无依傍，也不知顾虑，心头有什么郁积，就付托腕底胡乱给爬梳了去，救命似的迫切，哪还顾得了什么美丑！我在短时期内写了很多，但几乎全部都是见不得人面的。”他在剑桥创作的诗几乎全是写给自己的，后来由顾永棣先生以“花雨”为题收入《徐志摩诗全集》的共有68首，实际写作的应不止这个数目。徐志摩在写于1921年11月23日的《草上的露珠儿》里，为自己诗情迸发而欢呼。虽说是分行的现代汉语写作，但思路仍是律诗绝句的老套，还有浪漫主义新诗最初阶段的费力呼喊。写于1922年春的《青年杂咏》有词的节奏，但明显比前一首有更多情绪回转的余地：

你幸而为今世的青年，
你的心是自由梦魂心，
你抛弃你尘秽的头巾，
解脱你肮脏的外内衿，
露出赤条条的洁白身，
跃入缥缈的梦潮清冷，
浪势奔腾，侧眼波鳞里，
看朝彩晚霞，满天的星，——
梦里的光景，模糊，绵延，
却又分明；梦魂，不愿醒，
为这大自在的无终始，
任凭长鲸吞噬，亦甘心。

在写诗之初，徐志摩便能驾轻就熟地玩味“甜蜜的忧愁”，这是他早期诗歌的情感基调：从忧郁里体验甜蜜。显然这忧郁并不深沉，更不致命，他被自己绵长的怀恋迷住了，两个女人的离去留给他自我发酵的契机，这也是促成他诗意盎然的原因。

另一件不同寻常的事是，他终于见到了罗素，这可真算是夙愿得偿。罗素是1921年7月中旬结束在中国的讲学的，因此，徐志摩在罗素回伦敦不久就写信要求拜访了。才领受过中国人盛情礼遇的罗素怎么会拒绝热情的徐志摩？年底，在罗素提议把胡适的《中国哲学史大纲》辑入欧格敦主编的《世界哲学史》丛书时，徐志摩提出不如让他的老师梁启超另写一本收入其中，虽此事后来未成，但一回生二回熟，这时的徐志摩已成了罗素家的座上客。他热情地邀请罗素到剑桥与中国留学生会面，并为罗素第一个孩子满月准备了中国特色的红蛋和寿面，真算是中西合璧的交友之道，这的确是他的专长。张幼仪的侄孙女张邦梅在写《小脚与西服》时，虽然对徐志摩弃自己姑婆而去颇有微词，也不得不钦佩其交游能力："徐志摩的那些西方朋友一定觉得，他同时带着异国情调和唐·吉诃德式的气质：一个头脑聪明、个性浪漫、与西方传统有着同质精神与风格的中国人。我认为徐志摩拥有东西方最优秀的特质，很羡慕他能如此融入西方世界，他融入得比我这个成长于西方的人要好。他是怎么办到的？他又如何与西方人成为朋友，却没被他们喊成'清客'和冠上一些名称？我羡慕他这种驾驭能力，他似乎拥有一切，中国人推崇他，西方人也欣赏他。"

但是，当初到英伦来追随罗素的念头似乎已经被写诗的热情冲淡了。这不能不说是徐志摩文笔生涯的一个损失，他错过了让自己的思想乃至文风经受一番清晰简洁的梳理的机会。

正当徐志摩在伦敦为罗素的儿子庆满月的时候，他自己的第二个儿子也快要降生了。但他并没有给儿子准备红蛋、寿面的欢喜宴，而是一纸离婚提议书。他是1922年2月去德国柏林的，因为张幼仪在怀孕的最后一个月从巴黎迁到了柏林和七弟同住。他拜托老同学吴经熊到张幼仪的住处转交一封信，他认为离婚是"彼此重见生命之曙光，不世之荣业"。他说："真生命必自奋斗自求得来，真幸福亦必自求得来！真恋爱亦必自奋斗自求得来！彼此前途无限……彼此有改造社会之心，彼此有造福人类之心，其先自作榜样，勇决智断，彼此尊重人格，自由离婚，止绝痛苦，始兆幸福，皆在此矣。"徐志摩显然是将这件私事冠以开社会风气之先的英名和重任，不由分说地架在张幼仪肩上。

那个"忧郁"的徐志摩是何等真实，这个"决绝"的徐志摩又是何等真实。当他从刚生产出院的妻子手里接过签名同意的离婚书时，吴经熊、金岳霖都来握他的手。多年后，张幼仪对这番情景仍耿耿于怀，她回忆说："他欢天喜地，乐不可支，甚至跟我说了声谢谢，然后戏剧性地顿了一下，又对着我和那四个朋友说（我想他大概也在对全世界说）：‘你张幼仪不想离婚，可是不得不离，因为我们一定要做给别人看，非开离婚先例不可。’”

徐志摩不了解16岁的林徽因，也不了解孤身在异国熬过十个月妊娠期的张幼仪。他当时对婚姻和妇女地位的认识可以参考他在哥伦比亚大学经济系时所写的硕士论文《论中国妇女的地位》。这篇论文主要介绍中国妇女传统的社会地位和走向解放的现状。虽然他承认“中国妇女在许多情形下，未获得应有的尊敬，与男人并不平等。离婚便是个明显的例证。按照法律，男人可找出不能生育等诸多理由抛弃妻子，而妻子除被遗弃外，什么也得不到。比这更糟的是，女人无论因什么理由离婚，都会被社会瞧不起”，但他仍然坚持要张幼仪同意离婚，其实他可以按原来的想法把张幼仪留在硖石，而不必大张旗鼓地履行这个程序，但他确实想还自己自由，并且还张幼仪自由。他真诚地确信：“随着中国一代女性接受更多的教育，她们最先努力争取解放的应该是最为关切的婚姻与爱情问题。传统‘逆来顺受的婚姻’只适合她们的先辈，先辈们对婚姻生活根本没有发言权，因为五年‘自由恋爱’成为她们实实在在的口号。”所以他才说“自由偿还自由”。回国后，他曾在报章上刊登《离婚通告》，还专门写了一首诗赠予张幼仪，这是徐志摩仅有的为她写的诗：

这烦恼结，是谁家扭得水尖儿难透？
这千缕万缕烦恼结是谁家忍心机织？
这结里多少泪痕血迹，应化沉碧！
忠孝节义——咳，忠孝节义谢你维系四千年史髅不绝，
却不过把人道灵魂磨成粉屑，
黄海不潮，昆仑叹息，
四万万生灵，心死神灭，中原鬼泣！
咳，忠孝节义！

东方晓，到底明复出，
如今这盘糊涂账，

如何清结？

莫焦急，万事在人为，只消耐心共解烦恼结。
虽严密，是结，总有丝缕可觅，
莫怨手指儿酸、眼珠儿倦，
可不是抬头已见，快努力！

如何！毕竟解散，烦恼难结，烦恼苦结。
此去清风白日，自由道风景好。
来，如今放开容颜喜笑，握手相劳；
听身后一片声欢，争道解散了结儿，
消除了烦恼！

胡兰成在《山河岁月》中描述五四时期青年的清新气象时，说到一个年轻人和他相处了三年的恋人商量婚事，女的大约是问他婚后生活的保障，不料他登时就和她分手了。胡兰成说那女的自是委屈，但也给予决绝的年轻人以足够的理解。他曾见一个日本小女孩把精巧的镜奁与锦盒拆了，不觉心痛，因为她的世界里样样都是珍贵的，不拆毁这个又拣什么来拆毁呢？胡兰成羡慕这种骄，这种英气，是人生爱娇的奢侈无边，到了无情的地步了。这个说法或许可以为徐志摩、吴经熊、金岳霖在张幼仪的泪光里为离婚而欢呼作一个注释。

终于笑着解了烦恼结的徐志摩就这么自说自话地朝前奔去了，只有头发梢是向后的。在国王学院转为正式生之后，他作诗反而更勤，是用情更切吗？他写了一首题为《情死》的诗，有以下几句：

你在那里微笑！我在这里发抖。
你已经登了生命的峰极。你向你足下望——一个无底的深潭！
你站在潭边，我站在你背后，——我，你的俘虏。

我在这里微笑！你在那里发抖。

然而，他还没到回国的时候。

在这样的思想状态下，他结识了诗人、批评家约翰·穆里（John Middleton Murry），两人常在一起神聊英法文坛和中国新文化运动的趋向。在7月中旬一次礼节性的拜访时，他见到慕名已久的穆里的情人曼斯菲尔德（Katherine Mansfield，徐译“曼殊斐儿”）。这个擅长写短篇小说的女作家容颜美丽，气质幽怨，这多少源于她的肺病。她曾和弗吉尼亚·伍尔夫有过较密切的交往。伍尔夫和丈夫伦纳德办的荷加斯出版社（Hogarth Press）还为她出过小说集，但后来伍尔夫越来越不喜欢曼斯菲尔德对“维多利亚英国”的美学趣味的过分依恋，说“曼斯菲尔德满足于肤浅的机智，想象平庸乏味，缺少求知者的憧憬”。曼氏私淑俄国的契诃夫，对用最精练的笔墨描绘尘世的风格极有慧心。她的小说文风清浅、纤细、松弛，有轻巧的幽默，有错杂的独白，也有隐而不说的心事，仿佛是印象画中迷雾里的阳光，确是一个仍保持维多利亚时代文风的女作家。徐志摩称之为“心理的写实派”，这种写法是他一直神往的，后来他在自己的小说集《轮盘》序言中说：“我常常想象一篇完全的小说，像一首完全的抒情诗，有它特具的生动的气韵，精密的结构，灵异的闪光。”徐志摩的文风成功在此，局限亦在此。

初次见到曼斯菲尔德的徐志摩不会想到她6个月后死于肺病。当时，曼斯菲尔德只是礼节性地接待了他，交谈的时间也不过20分钟光景，但徐志摩已经不知如何形容在美的神奇启示下的全身心的震荡，他称这短短的20分钟是“不死”的。在临走前，徐志摩表达了有机会试着翻译她的小说的愿望，曼斯菲尔德欣然应允。回国后，徐志摩实践了他的诺言，共翻译《园会》《毒药》《巴克妈妈的行状》等8个短篇，结成一集，题作《曼殊斐儿小说集》，1927年4月由北新书局出版。在一篇悼念文章中，他用“miracle（奇迹）”“灵澈”“仙姿灵态”等华丽的词语来描绘她，并毫不掩饰地竭力抒发对她的钟爱：“我看了曼殊斐儿像印度最纯澈的碧玉似的容貌，受到她充满了灵魂的电流的凝视，感着她最和软的春风似的神态，所得的总量我只能称之为一整个的美感。……一个个音符从她脆弱的声带里颤动出来，都在我习于尘俗的耳中，启示着一种神奇的异境，仿佛蔚蓝的天空中一颗一颗的明星先后涌现。像听音乐似的，虽则明明你一生从不曾听过，但你总觉得好像曾经闻到过的，也许在梦里，也许在前生。”她是当时正承受思念之苦的徐志摩的感情寄托，她的容貌、仪态甚至语音都被徐志摩奉为神明，其间可见他心中理想伴侣的神韵。但是，他的诚意又往往在这样竭尽渲染的文风之下显出浮夸的样子。

在剑桥的日子里，徐志摩曾离著名的布鲁姆斯伯里（Bloomsbury）文化沙龙不远。这是一个松散的、经常聚会的知识分子群体，画家和美学家特别多，艺术氛围很浓，也有作家、政治学家和经济学家，因为他们常到沙龙中心人物弗吉尼亚和范奈莎两姐妹位于布鲁姆斯伯里地区的住宅聚会而得名。这些知识分子的共同点是对于所谓“维多利亚时代”的美学趣味和道德习俗的反感。虽说他们的政治立场一直接近费边社会主义，而徐志摩曾是费边社重要成员拉斯基的学生，但是，从徐志摩钟情曼斯菲尔德的小说推测，他的美学趣味显然与布鲁姆斯伯里所提倡的迥然相异。

不过，通过狄更生，徐志摩结识了这个文化沙龙里的一个核心人物——美学家、画家罗杰·弗莱（Roger Fry），罗素和狄更生都是经由他引荐进入布鲁姆斯伯里沙龙的。弗莱毕业自剑桥的三一书院，是备受尊崇的艺术史杂志Burlington Magazine（《伯灵顿杂志》）的主编，曾在1910年和1912年两度引介“后印象派”展览，对现代英国艺术的影响力可能远甚于庞德之于美国的现代艺术。他有关中国艺术与西方现代艺术的写作影响了身边很多收藏家收藏中国艺术品的方向。徐志摩在结识弗莱后更深入地接触到伦敦上层的文化脉络。他接受的是极活泼新鲜的西方艺术熏陶，并培养了良好的艺术感觉，形成了较为开阔的艺术批评视域。最有意思的是，他从当时流行的后印象派艺术风格里，找到了理解传统中国艺术的契机，这恐怕是他后来一直对京剧、昆曲情有独钟的原因之一。此外，他也是最早将塞尚、凡·高的套版印画片带回中国的人。他常和弗莱会面，当然会耳闻一些布鲁姆斯伯里文化沙龙的日常活动情况，他倾心于这种沙龙风尚，在回国后创办的新月社就是以此文人沙龙为组织模式的。1922年8月，学期结束的时候，徐志摩突然决定回国了。这时距林徽因归国已10个月，与张幼仪离婚也已有半年光景。国王学院对他的评语是：“持智守礼，放眼世界。”算是个大而且当的结语，只是徐志摩不曾完成什么毕业论文，亦没有拿到任何专业的博士学位，尽管他只要再在国王学院待上半年就可拿到博士头衔，但他还是空着两只手，装了满脑子的感情和诗意登上了归国的轮船。

第四章　水土不服

徐志摩的回国恰逢其时。20世纪20年代初的中国文化界，仿佛一片经历尼罗河大泛滥之后的沃土，文学团体和文艺刊物蓬勃而出，迅速成长，轰轰烈烈的文学活动开始到来。与此同时，曾经并肩战斗的新文化运动主将们也进入大分化的时期。而踌躇满志的徐志摩正兴冲冲准备以文艺为职业大干一场，他回国一头扎入京城文坛时，显然没有考虑到当时文化界的复杂状况，以致在开头的一年多里，常冒冒失失地卷入论争。不善匕首投枪的他，总不免遇到吃力不讨好的尴尬。

徐志摩1922年10月中旬回到上海，踏上阔别5年的故土。父亲、母亲，连老祖母都从硖石赶来迎接他。短暂的重聚后，他在月底到了南京，拜见正在东南大学讲中国政治思想史的老师梁启超。对徐志摩从政治经济学科转入文学领域，梁启超是赞成的，告别官场的他这时坚定地认为文化才是永恒的，是值得毕生追求的，他为他的两个儿子以建筑、考古为专业而万分欣慰。他希望徐志摩能为他计划中的中国文艺复兴事业助一臂之力。

梁启超在1920年结束欧游归国后，就致力于再造中国新文化事业，他由自己在政治上的失败，看到了精英政治的无望，并意识到要改造中国，必须有国民的真正参与。于是，他潜心于著书、讲学和文化交流，寄望于国民教育。从1921年底至1923年初，他讲学的足迹遍及北京、天津、济南、南京、南通、长沙、武昌、苏州、上海，他的救济国人精神饥荒的计划求助于儒家传统，乃至佛学。这次在南京讲学，他便每天到新成立不久的国内佛学最高学府——支那内学院（后改名“中国内学院”，1952年停办）听欧阳竟无先生讲佛经，徐志摩就在那里拜谒了老师。

但徐志摩的心性实在离佛学远了些，他后来这样描述这段陪老师听佛经的经历：“十一年冬天欧阳竟无先生在南京支那内学院讲唯识，每朝七时开讲。我那时在南京也赶时髦起了两个或是三个大早冒着刺面的冷风到秦淮河畔去听庄严的大道。一来是欧阳先生的乡音进入我的耳内其实比七弦琴音不相上下，二来这黎明即起的办法在我是生活的革命，我终于听不清三两次拿着几卷讲义也就算完事一宗。”无怪梁启超对徐志摩“爱其才情，恨其浮杂”。

徐志摩心急如焚地想赶到北京去。但在此之前，他做了三件事。第一件事是为罗素新近出版的《中国问题》写书评，他再次热烈评价了罗素对中国美好前途的真诚建议，最后还借罗素之口表达了对中国文艺复兴之于中国社会变革的关键作用的向往：“我们只要有真领袖，看清楚新文化方向，想象到所要的新文化的模样，一致向创造方面努力，种种芝麻零碎什么政治经济的困难就都绝对不成问题。”这些句子里也有当时梁启超的理想，只是徐志摩的表达简洁得发飘。第二件事是给伦敦的弗莱写信，代表梁启超和蔡元培以讲学社的名义邀请弗莱和狄更生到中国讲学、办画展。此事后来因弗莱生病、狄更生太忙而没能遂愿。第三件事是先后两次在《新浙江》上刊登《徐志摩张幼仪离婚通告》，此消息引起亲朋师友的纷纷议论，徐申如对儿子的擅自主张和轻率举动根本不予承认。但徐志摩顾不得这些，12月初，他就去了北京。

他想离林徽因更近，但事实上，林徽因离他更远了。她已经和梁启超的长子、正在清华学校读书的梁思成恋爱了，相似的家庭背景和教育经历使两人的关系水到渠成。在随父亲欧游之前，林徽因就认识画一手好素描的梁思成，当她从欧洲归来，这个可以为刊物画整版水墨画的男孩已经是《清华校刊》的艺术编辑了，既然和睦友爱是她自小就渴望的，梁思成稳重内敛的性情自然使她安心。然而，徐志摩的追求也是执着的，在南京时他就给林徽因写信叙说玄武湖的美丽，到了北京更成了林家在景山后街的雪池寓所的常客。他常拉着张奚若同去，待张奚若与林长民聊得起劲时，他就绕到后面找林徽因说话去了。

对于这样的局面，林家自然不便开口说什么。元旦第二天，因胃出血从南京到上海就医的梁启超给徐志摩写来一封长信，对他执意离婚提出劝诫。此信寄到《晨报》主编陈博生处转交，在1931年3月《新月》徐志摩纪念特刊上，由胡适连同《悼徐志摩》一文一并发表。胡适将此信公之于众是为了替亡友的婚姻理想正名，但笔者在阅读此信时，首先感受到的是梁启超的苦心：

君劢濒行之前两夕，语及弟事，令吾颇起异感。吾昔以为吾弟与夫人（此名或不当，但吾愿姑用之）实有不能相处者存，故不忍复置一词。今闻弟归后尚通信不绝，且屡屡称誉，然则何故有畴昔之举？真神秘不可思议矣。吾初又疑弟亦如君劢然，喜作独身生活，今据劢所云，似又不然，吾益迷惑。兹事自非局外人所能参末议，然以吾与弟之交，有两事不能不为弟忠告者：其一，人类恃有同情心以自贵于万物，义不容以他人之苦痛易自己之快乐，弟之此举，其于弟将来之快乐能得与否，殆茫如捕风，然先已予多数人以无量之苦痛，重闹之悲诧，微君劢言吾亦可以推想得之，君劢家之老人，当亦同兹感。……然最难堪者两儿，弟既已育之，胡能置之，兹事恐弟将终身受良心上之重罚无以自宁也。其二，恋爱神圣为今之少年所最乐道，吾于兹义固不反对，然吾以为天下神圣之事亦多矣，以兹事为惟一之神圣，非吾之所敢闻，且兹事盖可遇而不可求，非可谓吾欲云云即云云也。况多情多感之人，其幻象起落鹘突，而得满足得宁贴也极难，所梦想之神圣境界，恐终不可得，徒以烦恼终其身已耳。呜呼志摩，天下岂有圆满之宇宙若尔尔者？孔子赞易无取，以未济终矣，当知吾侪以不求圆满为生活态度，斯可以领略生活之妙味矣。吾以为人类对于两性间相互最好是以“无着”之态度行之（君劢最能如此，吾亦颇如此），则最好亦可以减无量苦痛。吾固知弟为富于情感之人，未易语此，然吾自审吾之情感并不视弟为贫弱，吾固有与弟言此之资格也。呜呼志摩，当知人生树立甚难，消磨甚易，如志摩之年，实一生最可贵之时期，亦最危险之时期也，若沉迷于不可必得之梦境，挫折数次，生意尽矣，郁邑侘傺以死，死为无名；死犹可也，最可畏者，不死不生，而堕落至不复能自拔，呜呼志摩，可无愧耶！可无惧耶！吾与志摩相处之日殊浅，吾所虑者或者不衷于事实，然

> 吾之爱惜吾志摩者至厚，自闻君劢言后，耿耿于中，无一时能释。顷辍课来沪，夜中思此，不复成寐，披衣起，作此数纸，或非志摩所乐闻，然吾终望志摩知我对志摩用情之深，虽今日不寝，终有日能寝也。旬日后即北归，当约志摩就我，再罄其怀抱耳。惓惓之极，不尽欲言，专上志摩爱弟。

韩石山先生所著《徐志摩传》中，对梁启超致信归国不久的徐志摩，劝其慎思离婚一事也着墨颇多，但推断这份劝诫恐有私心则不甚妥当。他在摘引此信的部分内容后议道：“如果梁启超不打算娶林徽因做自己的儿媳，毫无疑问，这些话都是掷地做金石之声的金玉良言，任谁听了都会感激涕零、迷途知返，然而一加上这个背景，这些话就显得苍白无力，甚至让人觉得有几分可怜了。”不知作者是否过于同情年轻的徐志摩才有这番议论，但事实上，当时梁启超对儿子梁思成与林徽因的婚事已心里有底。在5天后给长女思顺的信里，梁启超写道：“思成和徽音已有成言（我告思成和徽音须彼此学成后乃定婚约，婚约定后不久便结婚），林家欲即行定婚，朋友中也多说该如此，你的意见怎样呢?”在他心目中，这两个年轻人的恋爱方式是最为理想的，一如他对思顺的婚姻安排，他对此极有信心，也极满意。他对长女说：“我对于你们的婚姻，得意得了不得，我觉得我的方法好极了，由我留心观察看定一个人，给你们介绍，最后的决定在你们自己，我想这真是理想的婚姻制度。徽音又是我第二回的成功。”在这种情形下，梁启超认为徐志摩与妻子离婚追求林徽因，不过只是平添挫折，消磨生命的锐气罢了，他这才说了几句重话：“最可畏者，不死不生，而堕落至不复能自拔，呜呼志摩，可无愧耶！可无惧也！”

梁启超是笔锋常带感情的人，在文坛他少年成名，在政坛他中年受挫，这些使他对人生进退起落的体验尤有切肤之感。他极愿意将这些人生经验说与子女分享借鉴，他曾专门写信给梁思成和林徽因：“人之生也，与忧患俱来，知其无可奈何，而安之若命。你们都知道我是感情最强烈的人，但经过若干时候之后，总能拿出理性来镇住他，所以我不致受感情牵动，糟蹋我的身子，妨害我的事业。这一点你们虽然不容易学到，但不可不努力学学。”至此可知，梁启超连夜致信徐志摩，是以一个已知天命之人的立场将关于宇宙、人生的感悟传达给年轻后辈。正如他10天后从上海重返南京，结束在东南大学讲学的告别演说里讲的："最好的境域——天堂大同极乐世界——不知在几千万年之后，决非我们几十年生命所能做到的。能了解此理，则做事自觉快慰。以前为个人为社会做事不成功，或做坏了，常感烦闷，明乎此，知做事不成功，是不足忧的。……青年人烦闷多，因希望太过，知政治之不良，以为经一次改革即行圆满，及屡试而仍有缺陷，于是不免失望，不知宇宙的缺陷正多，岂是一步可升天的。失望之因即根据于奢望过甚。"

梁启超的苦心至此可见，只不过，有些经验或教训总得要亲身经历过才会发生效力。中年人深谙世事取舍有道，年轻人自然不及，徐志摩给梁启超复了两封信，胡适的《悼徐志摩》中摘录了信中的部分内容：

> 我之甘冒世之不韪，竭全力以斗者，非特求免凶惨之苦痛，实求良心之安顿，求人格之确立，求灵魂之救度耳。
>
> 人谁不求庸德？人谁不安现成？人谁不畏艰险？然且有突围而出者，夫岂得已而然哉？
>
> 我将于茫茫人海中访我唯一灵魂之伴侣；得之，我幸；不得，我命，如此而已。
>
> 嗟夫吾师！我尝奋我灵魂之精髓，以凝成一理想之明珠，涵之以热满之心血，朗照我深奥之灵府。而庸俗忌之嫉之，辄欲麻木其灵魂，捣碎其理想，杀灭其希望，污毁其纯洁！我之不流入堕落，流入庸懦，流入卑污，其几亦微矣。

对于徐志摩这派少年英气与骄气，恐怕梁启超也只得谅解并遥想自己当年了，他不可能与一个20多岁的年轻人较真，何况性情乃长期养成，不易一下子改变，他能给予徐志摩最大的帮助就是给这个初入文坛的年轻人尽快提供机遇。

徐志摩回国后的第一篇政论文章发表在胡适、丁文江等主办的《努力周报》上，题为《就使打破了头，也还要保持我灵魂的自由》，文章旨在声援当时为北平财政总长罗文干伸张正义而辞职离京的蔡元培。此文表现了徐志摩散文创作中少有的犀利文风，文章开篇即言：“照群众行为看起来，中国人是最残忍的民族。照个人行为看起来，中国人大多数是最无耻的个人。慈悲的真义是感觉人类应感觉的感觉，和有胆量来表现内动的同情。中国人只会在杀人场上听小热昏，决不会在法庭上贺喜判决无罪的刑犯；只想把洁白的人齐拉入混浊的水里，不会原谅拿人格的头颅去撞开地狱门的牺牲精神。只是‘幸灾乐祸’、‘投井下石’，不会冒一点子险去分肩他人为正义而奋斗的负担。……所以每次有理想主义的行为或人格出现，这卑污苟且的社会一定不能容忍；不是拳打脚踢，也总是冷嘲热讽，总要把那三间大夫硬推入汨罗江底，他们方才放心。”他称蔡元培是“卑污苟且社会里的一个最不合时宜的理想者”，并讽刺说，“若然理想胜利，那就是卑污苟且的社会政治失败”，呼告“应该积极同情这番拿人格头颅去撞开地狱门的精神”。虽然他对国内政界情况不甚了解，但他几乎被自己的呐喊感动了，这番话不仅是对蔡元培的声援，也可说是他带着全身心的浪漫情绪归国伊始的新生活宣言。

1923年3月中旬，梁启超曾推荐徐志摩到上海主持《时事新报》的文艺版副刊，但徐志摩没去。梁便安排他到正在筹备的松坡图书馆第二馆做英文秘书。松坡图书馆是梁启超在1917年为纪念学生、战友蔡锷（字松坡）在上海建立的，后来图书馆停办，藏书北迁。1922年黎元洪批准梁启超的建议，将北海公园快雪堂及西单石虎胡同7号拨予开设图书馆。快雪堂为第一馆，专藏国文图书；徐志摩所在的第二馆专藏外文图书，他负责英文信件的处理，并住在这所两进两出的幽静院落。石虎胡同7号的前身是清代大学士裘曰修的府第，飞檐斗拱，十分气派。徐志摩初到北京发表的文章大多是在这里写的。后来这里也成了前期新月社的聚会场所。5月底，梁启超将徐志摩引见给康有为，在第二天的信中，梁启超还代徐志摩恳请题字，并不惜溢美之词：“其人为弟子之弟子，极聪异，能诗及骈体文，英文学尤长，以英语作诗为彼都人士所激赏。顷方将弟子之《先秦政治思想史》译成英文也。”后来徐志摩译书并未有成果，但梁启超的器重与信任已溢于言表。

正是这段时间，徐志摩在英国写下的诗句陆续在《时事新报·学灯》《晨报副刊》《努力周报》上发表。他常把这些旧稿装在一个箱子里，约稿的人来，他就大方地打开箱子选出几份稿来让人带走，有时干脆叫索稿的人自己去挑。但不料，他的麻烦也由此始。《再会吧康桥》就是这样被编辑拿去《学灯》发表的，哪知他的“创新诗体”被并不识体的编辑排成了整篇的散文。他写信指出错误，编辑立即声明道歉，又重刊一次，按原稿的标点分行，结果整首诗的断行又出了问题，直到第三次更正才勉强恢复原貌。不过，这段历时半个月的插曲让徐志摩诗名大振。

苏雪林这样记述徐志摩迅速成名的背景和情状：民国10年左右的文坛，北方归鲁迅、周作人兄弟统治，南方则创造社与文学研究会对峙，对于青年心理有很大影响。北方唯一的诗人是冰心，南方则是郭沫若了。后来忽然从英国回来了一批留学生，其中有几个后来以文学显名，徐志摩就是其中之一。当他在《晨报副刊》《学灯》《小说月报》发表他的《再会吧康桥》《哀曼殊斐儿》等诗，其雄奇的气势、奢侈的想象、曼妙的情调、华丽的辞藻，都以一种崭新的姿态出现。所以大家不约而同地用惊异的眼光看他。有的心怀妒忌，恨不得趁这条巨蟒尚未完全蜕为头角峥嵘的龙来争夺自己的地盘时，把它一拳打死；有的却暗暗欢喜说：我们的真诗人出现了，我们渴望的艺术诞生了。前辈文人如梁启超等对他特别赏识，甚至视白话文学如寇仇的章士钊也许之为“慧业文人”，抱守传统思想的学衡派巨子吴宓对他亦具有好感。徐志摩这奇怪的人物，出场便征服了青年、中年、老年的心，跃登第一流作家的坛坫。他在文学界成名之迅速，不亚胡适之于学术界。

1923年5月，他翻译的德国作家福沟（Baron de la Fonque，又译福凯）的童话故事《涡堤孩》（又译《水精昂蒂娜》）由中华书局出版。这是他在剑桥时根据英译本转译的。这个凄清的故事讲述了在渔翁家长大的水王的女儿涡堤孩，嫁给骑士过着美满的人间生活，但后来丈夫别恋，她挥泪言别，重回水界。据徐志摩说，他看了英译本《涡堤孩》后既感动又觉其结构文笔的精妙，只是可惜母亲不在侧，否则他就边看边讲，母亲一定乐意听，于是他一口气翻译下来，因为是以母亲看得懂作为译文标准，所以这个译本显得南腔北调、不伦不类。尤其是到了后半部，他开始对逐字逐句照着别人的意思翻译感到厌倦，终于使整个译本虽说主题、人物、主要情节接近原著，在遣词造句方面却与原作相去甚远——他的译文到了随兴所至的程度，几乎又发展成了另一部“原作”。陈西滢在评论《涡堤孩》的翻译时就举了第十六章开篇的两节为例，说原文不过100余字，经徐志摩一翻译多出1000字来，这1000字说的是中国的婚姻制度和外国的民间传说，而这些都是无中生有的。完全忠实地复制是翻译者的美德，但是有一类具有创造性思维的人会觉得这样做比重新创作更困难，徐志摩就是这样的人。陈西滢把他的翻译称作“跑了一趟野马”，这也正是徐志摩初入文坛的实际状况。

与此同时，徐志摩踌躇满志地欲把英国文人圈的风范带到中国来。暑假的时候，他随梁启超到南开大学演讲，讲座题为“近代英文文学”。根据当时天津绿波文学社赵景深的听讲笔记，我们可以大略探知他的文学观。他说，“文学不仅是娱乐，他是实现生命的”，“文学是没有什么系统的。一个作品的本领是完全而且绝对的”，“文学不比穿衣，要讲时髦；文学是没有新旧之分的。他是最高精神之表现，不受任何时间的束缚，永远常新。只有‘个人’，无所谓派别”。他认为，文学是只与个人生命相关的，作品是独立自主的，不受文学史控制的，作品本身永远常新，不能以新旧为依据判断优劣，更不能以派别来约束作品。这些观念是他在英国领悟的精英文学观念，也自始至终是他自己写作的信条。

在伦敦时，他就自视为进入文学密室的中国新青年的代表，因此眼下，他有些迫切地希望在新文学的舞台上寻得一方天地。他看到和自己年龄相仿的成仿吾、郁达夫都已在文坛上建立了声名，尤其是中学同学郁达夫率先出版的短篇小说集《沉沦》，以它的幻灭与颓废宣泄了五四青年在运动落潮后的苦闷气息，引发了文坛的震动。但他实在不晓得，已处于新文化运动中后期的中国文坛，在意识形态渗透并分化的过程中，在同一个新文学的阵营里，对立、对战的现象日益严重。徐志摩对当时文坛状况的不了解以至于陷入被动，首先在一次小型的演讲会上预演。那是梁实秋第一次见到徐志摩。当时的梁实秋正是清华学校文学社的成员，他托梁思成请徐志摩来演讲。从他对那个秋天的回忆里，我们可以看到归国伊始的徐志摩的形象：

记得是一个秋天，水木清华的校园正好是个游玩的好去处，志摩飘然而至，白白的面孔，长长的脸，鼻子很大，而下巴特长，穿着一件绸夹袍，加上一件小背心，缀着几颗闪闪发光的纽扣，足蹬一双黑缎皂鞋，风神潇散，旁若无人。

那天，清华学校的小礼堂里挤满了人，黑压压的足有二三百人，都是慕名而来的听众。与其说听众不如说观众，因为多数人是来看而不是来听的。徐志摩登台之后，从怀里取出一卷稿纸，大约有六七张，用打字机打好的，然后坐下来开始宣读他的讲稿。在宣读之前，他解释说：我的讲题是艺术与人生，Art and Life，我要按照牛津的方式，宣读我的讲稿。可观众并没有准备听英语讲演，尤其没有准备听宣读讲稿。在牛津，学术讲演是宣读讲稿，可是在中国情形便不同了，尽管讲者的英语发音够标准，尽管听者对英语的了解程度也够，但是在一般学校里尚无此种习惯。那天听众希望的是轻松有趣的讲演，至少不是宣读英语讲稿，所以讲演一开始，后排座的听众便慢慢“开闸”。梁实秋老实不客气地说他勉强听完，但实在没有听懂。等到演讲稿发表出来，梁实秋读后才知道那是通俗性的文章，并没有学术研究的意味，实在不必采用牛津的方式。无可置疑，这一回讲演是失败的，听众很失望，徐志摩也首次感到水土不服。

但正是这篇由郁达夫拿到《创造》季刊发表的演讲稿，成为徐志摩与创造社成员往来的开始。由郭沫若、郁达夫、成仿吾等为主要成员的创造社成立于1921年，他们是以艺术表现自我的浪漫主义风格登场，却以狂风暴雨式的异端面目立足。由郁达夫所拟的《创造季刊出版预告》即措辞激烈：“自文化运动发生后，我国新文艺为一二偶像所垄断，以致艺术之新兴气运，澌灭将尽。创造社同人奋然兴起打破社会因袭，主张艺术独立，愿与天下之无名作家共兴起而造成中国未来之国民文学。”当时，由郑振铎、沈雁冰、蒋百里等人发起的文学研究会正试图把从事新文学创作的作家拉到一起，结成一个文学中心团体，但创造社的造反旗帜彻底搅乱了大局。而从个案着眼，他们怀抱着在文坛迅速立足的强烈愿望和被生活窘境压迫出来的叛逆不羁的个性，使得他们的挑战姿态足以激怒任何一个关涉者。就在徐志摩归国前的两个月，郁达夫、郭沫若就开始与胡适大打笔墨战，前后相持半年多。先是郁达夫在《创造》上含沙射影地指称胡适“跟了外国的新人物，跑来跑去的跑几次，把他们几个外国的粗浅的演说，糊糊涂涂的翻译翻译，便算是新思想家了”，胡适则以初出学堂的学生“浅薄无聊而不自觉”予以回敬，而紧接着助阵的郭沫若在《讨论注释运动及其他》一文中公开挑战说：“你北京大学的胡大教授哟！你的英文诚然高明，可惜你自己做就了一面照出原形的镜子！”胡适的不屑和创造社诸子的不服，双方直到勉强和解，仍然耿耿于怀，恶感未消。

但徐志摩最初是万分热忱地与创造社的成仿吾交往起来的。创造社为艺术而艺术的主张以及自认为才子的气派是徐志摩引为同调的主要原因。成仿吾就曾如此表白个人的文学理想：“我觉得除了一切功利的打算，专求文学的‘全’与‘美’，有值得我们终身从事的价值之可能性。”这番话是足以让初来乍到的徐志摩为遇见知音而欢呼的。在致成仿吾的信中，他写道：“贵社诸贤向往已久，在海外每厌新著浅陋，及见沫若诗，始惊华族潜灵，斐然竟露。今识君等，益喜同志有人，敢不竭驽薄相随，共辟新土。兄评衡立言有方、持正不阿，亦今日所罕见。至望锲之不舍，以建风格。”可见，他是把创造社的成员看作同路人的，而成仿吾也在来信中盛赞他的才情和抱负，两人互有褒扬，不亦乐乎。

然而，战友也可能一转身就成为论敌。徐志摩的一篇《坏诗、假诗、形似诗》在胡适主编的《努力周报》发表，文中在批评文坛的假诗时先引了胡适的议论：“适之有一天和我说笑话，他说我的《尝试》诗体也是作孽不浅，不过我这一派，诗坏是无可讳言的，但总还不至于作伪。”接着就举例：“我记得有一首新诗，题目好像是重访他数月前的故居，那位诗人摩按他从前的卧榻书桌，看看窗外的云光水色，不觉大大的动了伤感，他就禁不住‘泪浪滔滔’。固然作诗的人，多少不免感情作用，诗人的眼泪比女人的眼泪更不值钱些，但每次流泪至少总得有个相当的缘由。……现在我们这位诗人回到他三月前的故寓，这三月内也并不曾经过重大变迁，他就使感情强烈，就使眼泪‘富余’，也何至于像海浪一样的滔滔而来！我们固然不能断定他当时究竟出了眼泪没有，但我们敢说他即使流泪也不至于成浪而且滔滔——除非他的泪腺的组织是特异的。总之形容失实便是一种作伪，形容哭泪的字类仅有，比之泉涌，比之雨骤，都还在情理之中，但谁能想象个泪浪滔滔呢？”

徐志摩记得的这首新诗是郭沫若的《重过旧居》。抒写的是诗人从上海返回日本福冈，发现妻儿因经济困窘已不得不从原住处搬出，他重回旧居心绪难平，写下此诗，其中有这样几句："我和你别离了百日有奇，又来在你的门前来往；我禁不住泪浪滔滔，我禁不住我的情涛激涨。"诗算不得好诗，情却是真情。自小生活优越的徐志摩的确无法设身处地体验郭沫若当时的窘迫生计，又忽略了浪漫诗歌确有夸张传情的通例，他更不曾料到创造社的"同志们"，一容不得他讽刺的语调，二容不得他拿他们的窘迫说事，三容不得他投这样一份稿给胡适。如此一来，交恶不可避免。

随即，成仿吾在《创造》上将徐志摩写给他的私信与他致徐志摩的公开信一并发表出来，大怒说："你一方面与我们周旋，暗暗里却向我们射冷箭，志摩兄！我不想人之虚伪，一至于此！我由你的文章，知道你的用意，全在攻击沫若的那句诗，全在污辱沫若的人格。我想你要攻击他人，你要拿有十分的证据，你不得凭自己的浅见说他人的诗是假诗，更不得以一句诗来说人是假人。而且你把诗的内容都记得那般清楚（比我还清楚），偏把作者的姓名故意不写出，你自己才配当'假人'的称号。我所最恨的是假人，我对于假人从来不客气，所以我这回也不客气把你的虚伪在这里暴露了，使天下后世人知道谁是虚伪、谁是假人。我在这里诚恳地劝你以后少做此虚伪。成功不是那么重要的事情。别来一无长进，只是越穷越硬，差堪告慰。"言辞间涉及人格的是成仿吾，这让徐志摩终于见识到创造社的杀伐之气。这个局面徐志摩显然始料未及，他赶紧解释，语气诚恳，希望能化干戈为玉帛。他首先承认自己"用字句的随便"，但随即又不自主地端起绅士的架势来："在我解释一切以前，我先要来一个小小的引子，请你原谅。骞司德顿（G.K.Chesterton）有一句妙语，他说一个人受过最高教育的凭据，就在他能嘲笑自己，戏弄自己，高兴他自己可笑的作为；这也是心灵健全的证据。"这是他在看似不经意之间，给这次朋友间的不快找到的心理根源，而这"受过最高教育的凭据"确也在他手里。他承认初来乍到的唐突，但坚决反对党同伐异的作风侵入文学评论："我是去年年底才从欧洲回来的，所以不但政情商情，就连文界艺境的种种经纬脉络，都是很隔膜的；而且就到现在我并不致憾我的隔膜。……我到最近才知道文学研究会与创造社是过不去的。

但在我望出来，却不曾看见什么会与什么社与什么报，我所见的只是热心创造新文学新艺术的同志；我既不隶属于此社也不曾归附于彼会，更不曾充任何报的正式主笔。所以我自己报浅薄无聊作品之投赠，只问其所投之出版物宗旨之纯否与真否，而不计较其为此会之机关或彼社之代表。我至今还是大声的否认，可耻的卑琐的党派气味，Petty party bias（小党派偏见）会得有机会侵入高尚纯粹的艺术家的心灵里。”他亮出了他评论作品的标准：“我如其曾经有过评衡的文字，我决不至于幼稚至于以笼统的个人为单位：评衡的标准，只是所评衡的作品的自身。评衡只是发现。发现就是创造之一式，是无上的快乐。”这两句话可见徐志摩的文学观，他对自己作为职业作者与职业读者的自觉意识，在当时甚至在后来几十年的中国文学界，都是极难得的。

或许徐志摩自己也明白这篇《“天下本无事”》是不合时宜的，他和创造社的亲密友谊已不可挽回，朋友之间的事等到公之于众以求公断的时候，所谓朋友就该分道扬镳了。此后，徐志摩不再有文章在创造社的刊物上出现，他在感情上与胡适走得更近些。一天，他与胡适曾去探望郭沫若，亲见其当时生活的局促，在日记中，徐志摩写道：“秋白亦来，彼肺病已证实，而日夕劳作不能休，可悯。适之翻示沫若新作小诗，陈义体格词采皆见竭蹶，岂《女神》之遂永逝？与适之、经农步行去民厚里一二一号访沫若，久觅始得其居。沫若自应门，手抱襁褓儿，跣足、敞服（旧学生服），状殊憔悴，然广额宽颐，怡和可识。入门时有客在，中有田汉，亦抱小儿，转顾间已出门引去，仅记其面狭长。沫若居室隘，陈设亦杂，小孩羼杂其间，倾跌须父抚慰，涕泗亦须父揩拭，皆不能说华语；厨下木屐声卓卓可闻，大约即其日妇。坐定寒暄已，仿吾亦下楼，殊不话谈，适之虽勉寻话端以济枯窘，而主客间似有冰结，移时不涣。沫若时含笑睇视，不识何意。经农竟噤不吐一字，实亦无从端启。五时半辞出，适之亦甚讶此会之窘，云上次有达夫时，其居亦稍整洁，谈话亦较融洽。然以四手而维持一日刊、一月刊、一季刊，其情况必不甚愉适，且其生计亦不裕，或竟窘，无怪其以狂叛自居。”第二天，郭沫若带着大儿子来徐志摩住处探望，并送他一册《卷耳集》，这回两人聊得多些，而徐志摩仍反感郭沫若在书序言里自称孔子复生定言“启予者沫若也”的自负。3天后，郭沫若又请胡适等人吃饭，饮者皆醉之际，胡适说了些颇诚恳的话，而郭沫若竟冲动地抱吻了他。人与人交往原本不易，若披挂着各自的集团利益，坦诚相见就更难，特别在意识形态不断渗透、各种信仰势力不断分化之时，道不同不相为谋倒成了再正常不过的事。

徐志摩碰到的另一个麻烦是由发表在《学灯》上的一篇诗序引发的。这是他在剑桥时信手作来的《康桥西野暮色》小序，他由乔伊斯在《尤利西斯》尾声部分不分段落不加句读的新文法，联想到“文字无论韵散的圈点并非绝对的必要。我们口里说笔上写得清利晓畅的时候，段落语气自然分明，何必多添枝去加点画。……真好文字其实没有圈点的必要”。他要介绍的是散文的“新定义新趣味新音节”，主旨并非是废文章的圈点。但他不曾料想，在他兴高采烈地介绍一个新风尚，为他写诗的新尝试作注脚时，被有心人抓住不放了。当时孙伏园主编的《晨报副刊》上连登三篇奚落徐志摩的文章，有请教他把没有圈点的西洋圣经贤传，用钢版印一页在《学灯》上给大家长长见识；有说世间竟也会有叹息痛恨于一部好书可惜有了圈点的人；还有人索性将好文字不用圈点命名为“徐志摩定律”。造成误会的主要原因是，徐志摩介绍的意识流写法是有相当的西方文艺思潮背景的，他没法用极简短的文字交代这种手法的缘起，反而只以一个“新”字作整体的定位，的确显得突兀，难免读者误解，更被有心人钻了空子。

他又被打了个措手不及，仓促间抛出他的解释，和前一次一样陈述自己的无辜。他给孙伏园投去《一封公开信》，叙述此诗发表的经过，再次重申他只不过是要表达对“可以不凭借符号的帮助”的纯粹写法的向往，没有废文章圈点的意思。他唯一的反击是在文末，却很不明智地将矛头指向编辑孙伏园，他说：“晨报的副刊，比较的有文艺的色彩，所以我劝你，伏庐，选稿时应得有一个标准，揣详附会乃至凭空造谎都不碍事，只要有趣味——只要是‘美的’——这是编辑先生，我想，对于读者应负的责任。”这几句揶揄话果然叫孙伏园颇不受用，他在徐志摩的信后附言说，徐志摩被人驳倒无可申诉却迁怒编辑实是文学家之不屑为的。如此一来，徐志摩更讨了没趣，在息事宁人之前自己先收了声。

他实在没有朋友陈西滢的笔力和不依不饶的性格，实在没有挑战或反击的经验，他所擅长的是英国式的节制而轻巧的幽默、调侃或讽刺。如果定要将他温和的个性说成绅士风度似乎也可以接受，但他的骄气却让不少人竖起身上的刺来。更有一场恶仗在迎候他，那时他将领教鲁迅在目光都未曾正视过他的情况下刀刀见血的犀利功夫。而他也将成为新月社里第一个与鲁迅相遇的人。

当1923年夏季的酷热临近尾声的时候，正在山海关外避暑的徐志摩，接到祖母病危的电报，急奔回硖石。接下来的半年，他一直在家乡。祖母的丧事结束已经是9月中旬了。中秋节，他到了杭州，探望正在烟霞洞养病的胡适。3天后，又邀了任叔永、陈衡哲、朱经农、马君武、陶行知等到海盐观潮，又正值蟹肥菊黄，应了兴致，他的日记里记录了这次风雅行程。

讲求精致生活、活泼又热情的徐志摩，在心理情感上，还不曾脱离硖石的家。给祖母做"七七"祭日那天，正是他回国整一年的日子，想到一年来满心宏愿地在北京找寻立足之地却成绩寥寥，在当天的日记里，他几乎大恸："老祖母已经做了天上的仙神，再不能亲见她钟爱的孙儿生命里命定非命定的一切——今天已是她离人间的第四十九日！这是个不可补的缺陷，长驻的悲伤。我最爱的母亲，一生只是痛苦与烦劳与不怿，往时还盼望我学成后补偿她的慰藉，如今却只是病更深，烦更剧，愁思益结，我既不能消解她的愁源，又不能长侍她的左右，多少给她些温慰。父亲也是一样的失望，我不能代替他一分一息的烦劳，却反增添了他无数的白发。我是天壤间怎样的一个负罪，内疚的人啊！"面对父母亲朋，他对自己的现状焦虑起来，于家庭于事业，他竟然仍是两手空空。他对着一个通信的朋友呼告："我最敬最爱的友人呀，我只能独自地思索，独自地想象，独自地抚摩时间遗下的印痕，独自地感觉内心的隐痛，独自地呼吸，独自地流泪……方才我读了你的来信，江潮般的感触，横塞了我的胸臆，我竟忍不住啜泣了。我只是个乞儿，轻拍着人道与同情禁闭着的大门，妄想门内人或许有一念的慈悲，赐给一方便——但我在门外站久了，门内不闻声响，门外劲刻的凉风，却反向着我褴褛的躯骸狂扑——我好冷呀，大门内慈悲的人们呀！"这番话是否对林徽因说的未可知，就是在这样的精神状态下，他当晚到胡适那里畅谈了五六个小时。

胡适比徐志摩大6岁。徐志摩还在北大法学院读书时，胡适刚好归国，揭起了新文化运动的大旗；徐志摩留学英美时，胡适已在轰轰烈烈的文化运动中成为领袖；也就是说，徐志摩在文坛登场时，胡适已经开始“卸妆”了。两人在杭州时成为知己有个契机。当时胡适在西湖养病，身边有表妹曹佩声相伴，两人一直情谊相系却各有顾忌，而此时的徐志摩也正为苦追林徽因不得而苦闷异常。徐志摩接连几天到胡适的住处促膝谈心，谈书，谈诗，谈友情，谈爱情，谈人生，不觉夜短，胡适也仿佛在灵犀相通的交流中感染了徐志摩的童心。但两人的性情和文风迥异，有人曾这样戏谑地说，胡适是没有说不清的道理，徐志摩是没有表达不清的感情。胡适一直是徐志摩的挚友，对其感情经历，他相当知情，并始终以兄长的姿态给予徐志摩尽可能的支持和同情。

因为暂时没有适合的职位，也可能是为给逝去的祖母服孝的缘故，整个冬天，徐志摩都住在海宁东山的三不朽祠。其间，他创作了小说《两姐妹》《老李的惨死》等，主要以翻译工作为主，译介了曼斯菲尔德、詹姆斯·斯蒂芬斯的小说，哈代、爱德华·卡彭特的诗，也写一些关于哈代、雪莱的诗评，还有首用硖石土话写的《一条金色的光痕》，艺术水平不论，尝试终归可喜。在这首诗的序言里，他表达了对生活中愁云惨雾终会消散的信心，他说：“也许就在大雨泻的时候，你要是有耐心站在广场上望时，西边的云罅里也已经分明的透露着金色的光痕了！”他终究是个不甘寂寞的人，在城市里向往家乡的清静，在家里又耐不住热闹聚会的诱惑。

随着回京日子的临近，他的美好计划接踵而来，满心欢喜地盼着北上大干一番事业。他第一件事是筹备拜伦百年祭纪念会，回北京后，他在忙乱当中译了拜伦的《海盗之歌》，又写了专题介绍的论文，先后发表在《小说月报》上。纪念会的计划则被迎候泰戈尔的各项工作冲掉了，只在《晨报·文学旬刊》上辟了“拜伦纪念号”的专版，倒也算有始有终。第二个计划头绪更多些，当时，张君劢组织成立了理想会，正打算办一个刊物，向他约稿，他便认真写了三篇稿子寄去。在写给英国朋友穆里的信里，他兴冲冲地介绍：“我们计划出一个新的周刊，大致像伦敦的国民杂志那样。但我们没有定下什么政治或其他方面该奉为圭臬原则。不过我们倒有点自负，要把杂志定名为‘理想’。创刊号最迟在四月面世。到时会引起不少人的嘲笑，也有一些人会对之切齿。对于这一切预期的反响，我们都准备洗耳恭听。中国现状一片昏暗，到处都是人性里头卑贱、下作的那部分表现。所以一个理想主义者可以做的，似乎只有去制造一些最能刺透心魂的挖苦武器，藉此跟现实搏斗。能听到拜伦或海涅一类人的冷蔑笑声，那是一种辣入肌骨的乐事！”这群被徐志摩自说白话地封为拜伦或海涅的人，终于没有把《理想》办起来。后来，徐志摩也为自己这几篇文章抱不平，其中那篇《政治生活与王家三阿嫂》重新发表时，他在开头调侃了几句：“所谓理想会员们都像是放平在炉火前地毯上打呼的猫——我独自站在屋檐上竖起一根小尾巴生气也犯不着。理想想没了；竟许本来就没有来。”这末一句话倒是应了徐志摩接下去要承担的一件大事的景，他在上演一生中最华彩乐章的同时，又一次遭遇尴尬。过了1924年的正月十五，徐志摩就离开硖石经上海回北京了，他要为印度诗人泰戈尔来华的接待工作做准备。

泰戈尔在1913年以英文诗集《吉檀迦利》成为第一个获诺贝尔文学奖的东方作家之后，曾带着对东方文化的热情和信心先后出访日、美、英、法、德等国，但他谴责国家主义和“实利哲学”的演说不免遭到东道主的冷遇。因此，当1923年梁启超、蔡元培、胡适等以讲学社名义代表中国知识界邀请他来华访问时，这个63岁的老人有所迟疑，身体状况是一个原因，更重要的是他对中国人是否接受他的思想没有把握，因此，把行程向后推了又推。

这可苦了承担接待和翻译任务的徐志摩，他将此事视为莫大的殊荣，他错过了罗素来华的盛况，这次不能再有差池。他早在7月就给泰戈尔写信，并询问其行程安排。在为郑振铎的《小说月报》“泰戈尔号”专栏写的《泰山日出》一文中，他更是把泰戈尔比作面向东方、屹立于山海之间的人，将给中国带来普彻的欢声和普照的光明。因此，等到泰戈尔来信确定来年春天访华时，徐志摩以及讲学社的同仁们已是翘首企盼多时了。

1924年4月12日，泰戈尔一行乘“热田丸”号抵达上海汇山码头。徐志摩、瞿菊农、张君劢等人以及文学研究会、上海青年会、江苏省教育会、《时事新报》的代表均在迎候之列。第二天下午，一个百余人参加的欢迎会在张君劢家举行，泰戈尔在踏上中国土地的第一次演讲也极客气，说此番到中国来并非一个旅行家来看风景，亦非一个传教者带来福音，而是一个进香的人，来对中国文化行礼。参加欢迎仪式的人也给予泰戈尔极大的礼貌和敬意，这盛大的聚会和热烈友善的气氛让徐志摩无比的兴奋。

第三天，他和瞿菊农陪同泰戈尔到杭州畅游西湖，晚上诗兴大发，竟然在一处海棠花底下通宵吟诗，被同行者传为佳话。泰戈尔在灵隐寺演讲后，返回上海，随后北上南京、济南等地，作了30多次公开讲演和小型的集会谈话。徐志摩戴着印度帽，穿着印度袍，一路随行左右，他的热情正与泰戈尔强烈的东方情结相呼应，两人出入如同师生相携，所到之处，长襟飘飘，人头攒动。后来梁启超集宋人吴文英、姜夔、辛弃疾的词，作成一副联语赠予徐志摩，说的就是这一路的风花雪月："临流可奈清癯，第四桥边，呼棹过环碧；此意平生飞动，海棠影下，吹笛到天明。"梁启超在《饮冰室诗话》中有一段附录，说他所集最得意的就是这副联语，极能展示徐志摩的性格。风流才子，这恐怕就是梁启超眼中的徐志摩，也是当时此后很多人对徐志摩的印象。

4月23日，徐志摩陪泰戈尔乘火车到北京，在前门火车站，梁启超、蔡元培、胡适、蒋梦麟、梁漱溟、辜鸿铭、熊希龄、林长民、范源廉等学界、政坛名流齐聚迎候，还有一支由王庚率领的卫队维持秩序，人们以中国特有的炮仗欢迎泰戈尔抵京，场面热烈而亲切。为了使泰戈尔领略中国皇家园林的独特景致，25日的欢迎茶会选在北海公园举行。梁启超致欢迎词，胡适、梁漱溟、蒋百里、林长民等50余人应邀作陪。随后，泰戈尔先后在天坛、清华学校、北京大学及真光剧院演讲。天坛的那次演讲给予徐志摩荣光，使他站在了北京文化界盛大聚会的讲台上。在他心目中，他不仅将一位印度诗哲的思想和情谊传达给国人，更是这位诗哲在中国的嫡传弟子。他用最优美最华丽的中国文字传译泰戈尔的演讲，传达他对东方文明普适于全世界的信心："我们现在应得在全世界的面前辩护我们的价值，不仅在我们荣宠的家人前卖弄能耐。我们必得明证我们存在的理由。我们必得从我们各家独有的文明里展览普遍公认的成分。""你们中国人不是个人主义的。你们社会本身的基筑就在你们共有不私有的本性。你们的不是那唯物主义的利己心的产物，不是无限制的争竞的混淆，你们不是不承认人们相互的关系与义务。""人类的文明是正等着一个伟大的圆满，等着他的灵魂的纯美的表现。这是你们的责任，你们应得在这个方向里尽你们的贡献。”

泰戈尔把东方的文化精神当作救世的良药，这个观念跟当时梁启超《欧游心影录》、梁漱溟《东西文化及其哲学》中指出东方文明的优越传统与复兴前景是有心神相通之处的。因而他们希望借泰戈尔的影响，增强重振中国文明的声势。但与这些意欲肩负拯救民族文化的前辈学者不同，徐志摩对泰戈尔的狂热多半出于个人崇拜。他被老人对物质新世界的忧虑，对亚洲的期待和信心，对中国人美好生活的赞美深深吸引。他在泰戈尔的演讲词后这样做疏解：“他这番话里有正与反两个意义，反面说，他是怕我们沾染实利金钱主义与机械文明的庸凡与丑态；正面说，他是怕我们丧失了固有的优闲的生活与美好的本能，他们的对头是无情的机械。”他真诚地信仰自然、神秘和圆满，并在他日后的生活里实践艺术化生活的理想；他满心崇拜地把泰戈尔奉为师尊，并相信更多的人会同他一样奉献景仰。

梁启超、胡适、徐志摩等人对泰戈尔的盛情款待在他64岁寿辰那天释放出最浓厚的人情。祝寿会在协和医学院礼堂举行，由胡适主持，在赠予泰戈尔十几张名画和一件名瓷之余，梁启超还为诗人献赠一个中国名字——竺震旦，取日升雷震之意。更为风雅的是一场泰戈尔短剧《齐德拉》（*Chitra*）的上演。剧中对白全用英语，虽然观众只有几十人，但个个热情有加。林徽因在演出前扮作一个古装少女仰望新月的姿态，意在呼应泰戈尔的诗集《新月集》。这次演出也是徐志摩定名新月社的最初契机吧。

在北京期间，徐志摩、林徽因一直陪在泰戈尔身旁，报章还做了这样的发挥：“林小姐人艳如花，和老诗人挟肩而行；加上长袍白面、郊寒岛瘦的徐志摩，有如苍松竹梅一幅三友图。”但是与梁启超、徐志摩对泰戈尔的盛赞与热情迥异的，是陈独秀、吴稚晖、鲁迅等人士的反对之声。他们从中国当时积贫积弱、内忧外患的社会现状出发，对泰戈尔从印度带来的修身养性的精神至上观念很不以为然，认为他所谓的东方文化精神已经不合中国时宜。陈独秀、鲁迅、吴稚晖当时并非同道，但都认为泰戈尔决不是经历过辛亥革命和新文化运动后的中国所能接受的“活神仙”。有些青年学生甚至在5月10日的演讲会场里散发“送泰戈尔”的传单。

在托病取消了最末三次讲演之后，泰戈尔前往山西，后离开太原，经汉口到上海，泰戈尔留下在中国的最后一次演讲。虽然与一个半月前刚踏上中国土地的第一次演讲在同一块园地上，但是这回泰戈尔的心情却充满挫败和疑虑。照例的感谢之后，他说：“彼此同是受嘲讽的民族，我们有的是不受人尊敬与赞许的德性。我们正应得做朋友，我没有批评给你们，所以请你们对我亦不必过于苛责。”“你们一部分的国人曾经担着忧心，怕我从印度带来提倡精神生活的传染毒症，怕我摇动你们崇拜金钱与物质主义的强悍的信仰。我现在可以分付曾经担忧的诸君，我是绝对的不曾存心与他们作对；我没有力量来阻碍他们健旺与进步的前程，我没有本领可以阻止你们人们奔赴贸利的闹市。”“我上次在此地时你们给我的欢迎只是借给我的信用，我盼望我曾经付过我的代价叫你们满意，但如你们以为我不曾付清你们事前的期望，不要责备我，你们只能抱怨你们自己的糊涂。你们当初便不应得那样的慷慨，不应得滥施你们的奖宠。”

离别的话说到这个份上，听众之中最难过的人恐怕就是徐志摩了，他从泰戈尔的告别词里听出“眼泪的替身”，那最初慷慨地滥施奖宠的正是他和他的师友们。而他更是兴高采烈地自居为这印度诗哲的中国弟子，紧随左右。他曾再三呼告于众人前，泰戈尔是“喜马拉雅积雪的山峰”，是来广布同情、消除成见的，并把惠特曼、托尔斯泰、摩西、米开朗琪罗、苏格拉底和老聃一股脑儿拉出来与泰戈尔比美。但他不曾想到，无论是泰戈尔还是他，都遭到激烈的讽刺。他追崇泰戈尔，一方面当然是源于他热情友善的本性，另一方面可以说是他对当时中国社会、政治没有切身体会和深入了解的结果。他的朋友胡适就全然没有这般迷狂。作为1923年科学玄学论战中科学派的代表，相信他对泰戈尔提倡的东方精神救国救世的理想是有所保留的，但同时，他也表示对泰戈尔的牺牲和坚韧精神深为感佩。他也对年轻学生驱逐泰戈尔的行为不满。然而，他只是告诫这些青年，自由的真正基础是对于对方的主张的容忍与敬意，泰戈尔先生的人格是应该受到敬重的，希望学生们以君子国之国民风度对远方客人以礼相待。这是胡适的风度，这风度背后是对中国社会的个体把握，而徐志摩还没有或还来不及有类似的体认，他站到场面隆重的讲台上享受荣光之后，却不得不面对这样的尴尬：他的景仰不能代表全部中国青年的景仰，他的善意不能弥合彼此间的分歧，而分歧更不表示正义的取舍。总之，他的热情又一次面临失望，尤其是在泰戈尔说“不要责备我”的时候，徐志摩也同样陷入无可奈何的失落之中。

泰戈尔的中国之行，是一次互不了解的对视，并没对中国社会，哪怕只是思想界带来深远的意义和影响。即便是徐志摩，也不曾对泰戈尔的思想做过系统的介绍，他写的有关泰戈尔的文章除了盛赞就是感慨，连文学作品的评论都极少，这点同他对诸位英伦文学家的态度很不一样。最美好的结果是徐志摩与泰戈尔建立了诚挚的私人情谊。结束中国之行的泰戈尔又去了日本，徐志摩也一同前往，随后再专程陪送到香港，老人家赠他一个印度名字——素思玛(Susima)。

1924年6月，在徐志摩陪泰戈尔到日本期间，林徽因同梁思成一道飞赴美国留学去了。徐志摩在同泰戈尔临去山西时就已得知林徽因考取了半官费留学的名额。这是一件无可挽回的事。前两个星期，他们还在同一舞台上演同一出戏，前一个星期，他们还一道陪泰戈尔游法源寺。但徐志摩动身去山西前的那个晚上，林徽因对他说：“你和我分定了方向。”后来林徽因的一首诗《那一晚》里有惜别的景象：

那一晚我的船推出了河心，
澄蓝的天上托着密密的星。
那一晚你的手牵着我的手，
迷惘的星夜封锁起重愁。
那一晚你和我分定了方向，
两人各认取个生活的模样。

但徐志摩被这离别逼迫得几乎绝望，直到后一天坐上开往太原的火车，他仍止不住悲伤，奋笔疾书向林徽因倾诉，同座的恩厚之保留了这封未写完的信：

我真不知道我要说的是什么话，我已经好几次提起笔来想写，但是每次总是写不成篇。这两日我的头脑只是昏沉沉的，开着眼闭着眼都只见大前晚模糊的凄清的月色，照着我们不愿意的车辆，迟迟地向荒野里退缩。离别！怎么的能叫人相信？我想着了就要发疯，这么多的丝，谁能割得断！我的眼前又黑了！

后来徐志摩自己也说当时“仿佛一个在俄国吃了大败仗往后退的拿破仑，天茫茫，地茫茫，心更茫茫”，但林徽因显然已经认定了自己的方向。从16岁在伦敦遇到徐志摩到此时，尽管两人的情谊与误会由于很多当事人及友人的隐讳，我们已无法知晓，但有一点是清楚的：林徽因不曾体会过徐志摩在这份感情中投入的无限欢乐与悲伤，这是徐志摩的不幸，却是林徽因的幸运。

徐志摩也写过一首表达两个亲密友人在短暂的交会后各奔前程的诗，叫《偶然》，这是他与陆小曼合写的剧本《卞昆冈》第五幕中老瞎子弹三弦时所唱的歌词。写这首诗时他正与闻一多一起办《诗镌》，诗行伸缩自如，韵脚错落有致，透露出他那时的理智和情感：

我是天空的一片云，
偶尔投影在你的波心——
　　你不必讶异，
　　更无须欢喜——
在转瞬间消灭了踪影。

你我相逢在黑夜的海上，
你有你的，我有我的，方向；
　　你记得也好，
　　最好你忘掉，
在这交会时互放的光亮！

这年秋天，他受邀到北京师范大学讲演。他以“落叶”为题抒发自己的烦闷，说“感情是力量，不是知识”，又进而有些自怨自艾起来：“我的话，那就是我的思想，也是与落叶一样的无用，至多有时有几痕生命的颜色就是了。你们不爱的尽可以随意踩过，绝对不必理会；但也许有少数人有缘分的，不责备他们的无用，竟许会把他们捡起来揣在怀里，间在书里，想延留他们幽淡的颜色。感情，真的感情，是难得的，是名贵的，是应当共有的；我们不应得拒绝感情，或是压迫感情，那是犯罪的行为，与压住泉眼不让上冲，或是掐住小孩不让喘气一样的犯罪。”

但无论如何，自此别后直到林徽因和梁思成学成回国，4年间，两人真是各自“认取个生活的模样”。1925年冬，起师倒戈张作霖的奉系军阀郭松龄兵败，林长民在乱军中遇难。徐志摩在悼念文章末尾，愿林长民在天之灵庇佑远在美国求学的林徽因：“最可怜是远在海外的徽徽……隔着这万里途程，她那弱小的心灵如何载得起这奇重的哀惨！这终天的缺陷，叫她问谁补去？佑着她吧，你不昧的阴灵，宗孟先生，给她健康，给她幸福，尤其给她艺术的灵术——同时提携她的弟妹，共同增荣雪池双栝的清名。”

林徽因明白徐志摩的爱情是在1927年留学期间，她对正在美国访问考察的胡适说起对大洋彼岸的徐志摩的怀念，尽管基调仍定在回忆往事而已。她说：“我全都忘不了的尤其是‘人事’；一切的事情我从前不明白现在已经清楚了许多，就还有要说要问的也就让他们去不说不问了。‘让过去的算过去的’，这是志摩的一句现成话。……回去时看见朋友们替我问候，请你告诉志摩我这三年来寂寞受够了，失望也遇多了，现在倒能在寂寞和失望中得着自慰和满足。告诉他我绝对的不怪他，只有盼他原谅我从前的种种的不了解。但是路远隔膜，误会是所不免的，他也该原谅我。我昨天把他的旧信一一翻阅了。旧的志摩我现在真真透澈的明白了，但是过去，现在不必重提了，我只求永远纪念着。”这番话是林徽因在经历丧父之痛，以及梁家母亲、大姐不赞同她与梁思成的婚事等烦恼之后，开始对徐志摩有些许的体谅。

因为性情和经历的缘故，林徽因终究是不能彻底体察徐志摩的。在徐志摩死后，她和凌叔华为了徐志摩的剑桥日记而小有矛盾时，她也曾写信给胡适，她说，徐志摩也有世俗的一面，他也是一个会喜欢穿粉红绣花鞋女子的那种人，好像是指徐志摩与陆小曼结婚一事。徐志摩在她生命里竟然有了警醒的作用，他的教训提醒她不能“太堕入凡俗的满足”。对于徐志摩在伦敦时追求她并和张幼仪离婚的这段往事，她说：“我觉得这桩人事方面看来真不幸，精神方面看来这桩事成为造成志摩为诗人的原因而给我不少人格上知识上磨练修养的帮助，志摩不悔他有这一段苦痛历史，我觉得我的一生至少没有太堕入凡俗的满足也不算一桩坏事，志摩警醒了我，他变成一种stimulant（兴奋剂）在我生命中，或恨……或难过，或苦痛，我也不悔的，我也不proud（自豪于）我自己的倔强，我也不惭愧。”林徽因与徐志摩同样敏锐善感，但她比徐志摩更多些理性。她选择她能够承受的，这或许是在生活上她比徐志摩，比后来的陆小曼要幸运的原因。

又一次无功而返，徐志摩终究要承受灵魂的孤单。尽管他已经找到了朋友圈，他也将在这个余裕宽和的圈子里，把他最优秀的性情和品质焕发出来。但是，他的内心远不止明朗洒脱这一面。要知道，一个只知道快乐的人是不可能去写诗的。

第五章　新月下的爱情

经历了回国之初的忙乱后，徐志摩终于找到了他的朋友圈。这是一个以有英美留学背景的诗人、作家、批评家为中心，吸引了包括政界、金融界甚至军界人物的沙龙团体，也是新月社的最初构架。在这个松散的组织里，徐志摩是热心的召集人。正如他的朋友陈西滢所说："新月社代表徐志摩，也可以说新月社就是徐志摩。"

差不多是1924年的春天，徐志摩把"新月社"的木牌挂在石虎胡同7号——他所住的松坡图书馆二馆的院落，新月社俱乐部就此成立，而此前它是一个由徐志摩的父亲徐申如和《晨报》的老板黄子美做东道的聚餐会。"新月"的名字是徐志摩的构想，因为他在松馆招待过刚刚来华的泰戈尔，于是就袭用了泰戈尔诗集《新月集》的名字，意谓"那纤弱的一弯分明暗示着怀抱着未来的圆满"。不久，俱乐部就迁到松树胡同7号，现在所说的"新月社"通常是指已经搬到松树胡同的新月俱乐部。这处房子是黄子美在1924年底找的。据陈西滢回忆："新月社是一栋花园平房，有一间大房是可以开会等用，一间小饭厅，可以用来请客，可以摆下一个圆桌，有一个大师父，做的菜很好。有一个听差，招待来客，里面有一间不大不小的房，是志摩的睡房及书房，他在此写信，做文章，也会客。"

参加新月社的有哪些人？要一一数清楚有些困难，只要与徐志摩有相当的交往的大多光临过这沙龙，不过各人的参与程度因事而异。具体的连陈西滢也说不清，他"可以断定的志摩是一个，适之是一个，林长民（宗孟）是一个，丁西林是一个，余上沅也是一个”，当然还包括他自己，还有梁启超、张君劢、丁文江、凌叔华等。

说到结社的最初目的，徐志摩自己的说法是：想演剧。那时正当中国戏剧界提倡非职业的小型话剧即“爱美剧”，大大小小的新剧社团把新剧运动的声势营造得热热闹闹。他和陈西滢等人也去看过一些学生业余排演或专业演员演出的易卜生、莎士比亚的剧目，但效果颇令他们失望。带着亲眼欣赏过伦敦演剧的骄气与对完美艺术演绎的期待，他们曾对新剧演出中的表演才能和观众素质大加讽刺，还因此卷入一场论争。或许是由此，徐志摩和早期新月社的同人动了演剧的念头，想集合几个人的力量，自编戏自演，最好是能请人来看，不行也为自己好玩。但除了在泰戈尔来华时为他庆祝生日上演过《齐德拉》之外，终究没有别的新剧上演过。

新月社是沙龙，是俱乐部，是松散的知识分子群体，而非纯粹的文学团体。徐志摩曾在伦敦耳闻著名的布鲁姆斯伯里群体的沙龙，其他从英美归国的新月同人也熟悉类似的聚会，因而，他们希望将它移植到北京，哪怕只是一种极小范围的分享，他们有学识，讲趣味，当然也有闲暇，有精力，有财力。新月社是北京上流知识分子日常生活的精致缩影，它确实带着英美知识界自由闲适的风格和高谈阔论、才气横溢的氛围。

最风雅的事是那场泰戈尔短剧《齐德拉》的上演，可谓新月社聚会中最盛大的一次。该剧由张彭春导演，梁思成绘景，张歆海饰演王子阿顺那，林徽因饰演公主齐德拉，徐志摩则扮爱神。林长民、丁西林、蒋百里等都登台参演。剧中对白全用英语，几十人的观众也几乎都是聚餐会的成员，梁启超听不懂英文就由陈西滢翻译。

不妨从这次演剧的参与者看一看新月社的部分阵容。导演张彭春，时任清华大学教务长，正参与启动清华学校改办大学的进程，是最早将西方导演艺术带到中国新剧演出的人，与洪深一起，一南一北奠定中国话剧的导演制度，曾先后导演过20多个剧目，名闻京津一带。主演张歆海（张鑫海），在哈佛大学师从白璧德攻读英国文学，曾以研究马修·阿诺德作为博士论文，时任清华大学英文系教授，1928年后任中国外交部欧洲和美洲司参事。任翻译的陈西滢，英国伦敦大学政治经济学博士，后转赴德国、法国游学，时任北京大学文学院英文系教授和主任。参演的丁西林，英国伯明翰大学理工硕士，回国后任北京大学物理学教授，又对英国文学深有兴趣，1923年写成独幕喜剧《一只马蜂》，一时脍炙人口。另外，张君劢曾任浙江交涉署长、上海《时务新报》总编、段祺瑞政府所设的“国际政务会”书记长、冯国璋总统府秘书，1918年随梁启超游学欧洲，广泛涉猎西方的唯意志论和生命哲学，1923年发起“科学与玄学”之争，同年出任上海国立自治学院院长，也做过大学校长，是一生辗转于学术与政治之间的名人。蒋百里是把近代西方先进军事理论系统地介绍到中国来的第一人，1912年任保定军官学校校长，抗战时任陆军大学代理校长，国民党高级军事顾问、陆军上将。

可见，新月社是北京上流社交圈与文化圈的复合，也是以趣味、才情、社会地位、政治倾向、经济实力为基础的趋近选择，更是对彼此社会精英地位的认同。这风雅的沙龙聚会以欧美知识分子绅士化的生存方式为参照，但在当时的中国终究是奢侈的。

1924年秋，北京发生兵变。直系的冯玉祥突然倒戈率部回师北京，囚禁贿选总统曹锟，免去吴佩孚元帅职务，并下令没收清宫，驱逐溥仪小朝廷出紫禁城。与此同时，张作霖的奉军也大批入关，占领天津后，又沿津浦线向南推进，并收编大量直系部队。冯、张矛盾凸显出来，而双方都宁愿没有军事实力的段祺瑞再次上台，段也就势抓住时机，利用矛盾，东山再起，抢在孙中山到北京前将政权集于一身。11月底，段祺瑞进京宣誓就职。

在政局动荡的时候，梁启超曾受新月社邀去讲《桃花扇》。他用广东官话朗诵：“眼看他起朱楼，眼看他宴宾客，眼看他楼塌了。”诵读时不胜感慨，声泪俱下，令全座动容。《桃花扇》唱的是乱世男女，系的是朝政得失、家国兴亡、文人聚散。孔尚任写该剧是要让人明白，明朝“三百年之基业，隳于何人，败于何事，消于何年，歇于何地”。《桃花扇》里的历史感悟确是触动了新月社同人们对家国身世的慨叹：乱世文人，该有怎样的担当？

梁启超沉浮宦海多年，得失之间已把文化的继承与发展当作救世的第一要务，而他的学生辈如胡适、丁文江等也是自命为“有职业而不靠政治吃饭”的人。自然，他们的职业多半是教授，他们希望从思想、学术、文艺上启蒙国民，培养自由、平等、民主的国民意识，建立新的中国文化。无论是学界、政界，他们显然已经比梁启超拥有更大的施展空间，他们是声称要保持学术的态度和中立的立场，批评政策、研究社会的。便是徐志摩也曾在《政治生活与王家三阿嫂》中陈述他的民主主张：“我以为一个国家总要像从前的雅典，或是现在的英国一样，不说有知识阶级，就这次等阶级社会的妇女，王家三阿嫂与李家四大妈等等，都感觉到政治的兴味，都想强勉他们的理解力，来讨论现实的政治问题，那时才可以算是有资格试验民主政治，那时我们才可以希望‘卖野人头’的革命大家与做统一梦的武人归他们原本的本位，凭着心智的清明来清理政治的生活。”这番话不算是新月社的同人表达其政治倾向最清晰著名的一段，但也足以看出他们对英国式自由主义的普遍崇尚，对知识分子作为社会精英的启蒙作用的自信。他们强调要在职业之外保持批评的眼光和独立的姿态。虽然胡适一回国就曾发誓“二十年不入政界，二十年不谈政治”，但是他和他的同人们始终对政治保持相当大的热情。林语堂曾说：“胡适之那一派是士大夫派，他们是能写政论文章的人并且适于做官的。”事实也如此，新月社成员中后来出任外交、文化等官员的人，的确不在少数，胡适、张歆海、陈西滢、叶公超都先后到政府或联合国任过职。

但徐志摩终究不曾走上这条路，尽管他曾有做中国的汉密尔顿的抱负。组织新月社的徐志摩是诗人，早没有从政的想法，他的理想只同艺术和艺术化的生活相关。这年秋天，他开始在北京大学讲授英美文学和外文。

也是在1924年的年末，有两个极重要的文艺政论刊物发行。一是由鲁迅、周作人、钱玄同等为主要撰稿人的《语丝》周刊，刊物文章以简短的感想和批评为主，兼采文艺，不议论政治经济问题，提倡自由思想、独立判断和美的生活。二是由胡适、王世杰、陈西滢等筹办了近一年的《现代评论》，这是一个以政治、经济、法律为主，也包括文艺的综合性周刊，以独立、开放为办刊精神，有徐志摩、凌叔华等相当一部分新月社的成员参与编辑、供稿。从两个刊物的办刊主旨看，实在都是想在“革命文学”之外寻求言论空间的，照林语堂的说法是：“《语丝》社与《现代评论》社诸同人……都是适之先生的好朋友，并且大家都是自由主义者。”但后来，两个刊物闹得不可开交，争论最激烈以致纠缠数月的主要是鲁迅和陈西滢。但在新月社中，最先被鲁迅大加讽刺的却是徐志摩。

徐志摩和鲁迅实在不是同道人。无论是生活方式、心性气质、教育经历、艺术趣味，还是文章的笔法风格，都迥然相异。徐志摩（包括他经常相与往来的同人）的生活理念是模仿艺术，因而他的生活总是竭尽可能地精致；而鲁迅的生活则偏日常化。徐志摩是浪漫的、宽和的、天生的幻想家，有着永远的少年气质；而鲁迅是固执的、善战的、现实的观察家，有着永远的怀疑精神。徐志摩出生时正值家业中兴，能保证他获取最好的教育资源，后留学英美，有天生的优越感；而鲁迅儿时家道已中落，只得就读水师学堂，后留学日本，免不了愤世嫉俗。徐志摩对于艺术一味崇尚优雅，无论是莎士比亚的戏剧，还是梅兰芳的京剧、俞振飞的昆曲，同样地喜好并追逐；而鲁迅偏爱果戈理阴沉的小说风格、线条滞重刚硬的木刻画，喜欢营造冷峻甚至恐怖的气息。至于文风，徐志摩轻逸灵巧，有时失之浅薄；而鲁迅深邃犀利，有时难免尖刻。两种类型的文人能相互赏识当然最好，但互有批评也不难理解，只不过，这次鲁迅对徐志摩的揶揄，的确刺中了徐的文风中最薄弱处。

徐志摩是不知不觉间自讨没趣的，起因是他译介波德莱尔的诗及象征主义的美学主张。徐志摩是在北京城兵戎相见的日子里，开始翻译并模仿波德莱尔的。他连续创作了揭示社会种种罪恶现象、呼唤新生的三首诗歌《毒药》《白旗》《婴儿》。后来谈到这三首诗的写作背景时，他说：“记得前年直奉战争我过的那日子简直是一团黑漆，每晚更深时，独自抱着脑壳伏在书桌上受罪，仿佛整个时代的沉闷盖在我的头顶，一直到写下了《毒药》那几首不成形的诅咒诗以后，我的心头的紧张才渐渐的缓和下去。”这三首诗里都有郁积已久的情绪宣泄，没有任何光彩的意象，铺排到不可收拾的长句和段落，与他惯常的轻逸伶俐迥异。《毒药》的起头是这样的：

今天不是我歌唱的日子，我口边涎着狞恶的微笑，不是我说笑的日子，我胸怀间插着发冷光的利刃；

> 相信我，我的思想是恶毒的因为这世界是恶毒的，我的灵魂是黑暗的因为太阳已经灭绝了光彩，我的声调是像坟堆里的夜；
>
> 因为人间已经杀尽了一切的和谐，我的口音像是冤鬼责问他的仇人因为一切恩已经让路给一切的怨。

徐志摩在伦敦时就对象征主义强调主观表现的主张颇感会心，对为艺术而艺术的唯美主义也推崇备至，并积极践履。泰戈尔离开后的四五个月，是徐志摩情绪甚为寥落的时期，这个“什么事都可寻出感情线索”的人在这时译介波德莱尔是可以理解的。一时间没有寄托，没有希望，但浪漫的心性又促使他玩味并欣赏起自己暂时的沉寂和郁闷。他选取《恶之花》里《死尸》一首来翻译，这确是“诗集里最恶亦最奇艳的一朵不朽的花”。他陶醉在象征派的神秘主义里，仿佛整个世界都充满旨意。在《死尸》的序言里，他写道：“诗的真妙处不在他的字义里，却在他的不可捉摸的音节里。他刺戟着也不是你的皮肤（那本来就太粗太厚！）却是你自己一样不可捉摸的魂灵——像恋爱似的，两对唇皮的接触只是一个象征；真相接触的，真相结合的，是你们的魂灵。我虽则是乡下人，我可爱音乐，‘真’的音乐——意思是除外救世军的那面怕人的大鼓与你们夫人的‘披霞娜’。区区的猖狂还不止此哪：我不仅会听有音的乐，我也会听无音的乐（其实也有音就是你听不见）。我真认我是一个甘脆的Mystic（神秘主义者）。为什么不？我深信宇宙的底质，人生的底质——只是音乐，绝妙的音乐。天上的星，水里泅的乳白鸭，树林里冒的烟，朋友的信，战场上的炮，坟堆里的鬼磷，巷口那只石狮子，我昨夜的梦……无一不是音乐做成的，无一不是音乐。你就把我送进疯人院去，我还是咬定牙龈认账的。是的，都是音乐——庄周说的天籁地籁人籁，全是的。你听不着就该怨你自己的耳轮太笨，或是皮粗，别怨我。你能数一二三四，能雇洋车，能做白话新诗或是能整理国故的那一点子机灵儿，真是细小有限的可怜哪——生命大着，天地大着，你的灵性也大着。”

说实在的，徐志摩对诗歌乐感的品评，诗意欣赏过程中某种神秘契机的描述，并没有太多不妥的地方。他的写作有时会失于油滑，但也是他文风中灵气和生动的所在。在这段文字中要说轻巧或夸张是有些，却也不过“你听不着就该骂你自己的耳轮太笨，或是皮粗，别怨我”一句。但就这句被鲁迅逮个正着。

事情是这样发展的，徐志摩把这首译诗连同序文一起投到刚创刊不久的《语丝》，在第一卷第三期刊出。对此，鲁迅颇为不快。他写了《音乐?》发在《语丝》第一卷第五期上，这次可是指名道姓地回应，全文尽讥诮之能事，“语无伦次”的“恶意模仿”令徐志摩尴尬万分。

> 夜里睡不着，又计画着明天吃辣子鸡，又怕和前回吃过的那一碟做得不一样，愈加睡不着了。坐起来点灯看《语丝》，不幸就看见了徐志摩先生的神秘谈，——不，“都是音乐”，是听到了音乐先生的音乐：“……我不仅会听有音的乐，我也会听无音的乐（其实也有音就是你听不见）。我直认我是一个甘脆的Mystic（神秘主义者）。为什么不？我深信……”
>
> 此后还有什么什么“都是音乐”云云，云云云云。总之：“你听不着就该怨你自己的耳轮太笨或是皮粗”！
>
> 我这时立即疑心自己皮粗，用左手一摸右胳膊，的确并不滑；再一摸耳轮，却摸不出笨也与否。然而皮是粗定了：不幸而“拊不留手”的竟不是我的皮，还能听到什么庄周先生所指教的天籁地籁和人籁。但是，我的心还不死，再听罢，仍然没有，——阿，仿佛有了，像是电影广告的军乐。呸！错了。这是“绝妙的音乐”么？再听罢，没……唔，音乐，似乎有了：“……慈悲而残忍的金苍蝇，展开馥郁的安琪儿的黄翅，唵，颉利，弥缚谛弥谛，从荆芥萝卜玎琤淜洋的彤海里起来。Br-rrr tatata tahi tal无终始的金刚石天堂的娇袅鬼茱萸，蘸着半分之一的北斗的蓝血，将翠绿的忏悔写在腐烂的鹦哥伯伯的狗肺上！你不懂么？
>
> 咄！吁，我将死矣！婀娜涟漪的天狼的香而秽恶的光明的利镞，射中了塌鼻阿牛的妖艳光滑蓬松而冰冷的秃头，一匹黯黮欢愉的瘦螳螂飞去了。哈，我不死矣！无终……”
>
> 危险，我又疑心我发热了，发昏了，立刻自省，即知道又不然。这不过是一面想吃辣子鸡，一面自己胡说八道；如果是发热发昏而听到的音乐，

一定还要神妙些。并且其实连电影广告的军乐也没有听到，倘说是幻觉，大概也不过自欺之谈，还要给粗皮来粉饰的妄想。我不幸终于难免成为一个苦韧的非Mystic了，怨谁呢。只能恭颂志摩先生的福气大，能听到这许多“绝妙的音乐”而已。但倘有不知道自怨自艾的人，想将这位先生“送进疯人院”去，我可要拼命反对，尽力呼冤的，——虽然将音乐送进音乐里去，从甘脆的Mystic看来，并不算什么一回事。

文中对徐志摩铺张地连缀形容词的文风的夸张模仿，真可谓绝妙，鲁迅只斜斜眼睛，撇撇嘴角，就一下子将徐志摩的华丽文字逼到窘迫不堪的境地。

徐志摩选择退避，也许当时另有关注，也许实在望而生畏，也许因为他性格温和宽裕，本就不善文字格斗，总之他无以应对。倒是鲁迅后来在《集外集·序言》里说起这事的一些前后脉络：“我其实是不喜欢做新诗的——但也不喜欢做古诗——只因为那时诗坛寂寞，所以打打边鼓，凑些热闹；待到称为诗人的一出现，就洗手不作了。我更不喜欢徐志摩那样的诗，而他偏爱到处投稿，《语丝》一出版，他也就来了，有人赞成他，登了出来，我就做了一篇杂感，和他开了一通玩笑，使他不能来，他也果然不来了，这是我和后来的新月派积仇的第一步；语丝社同人中有几位也因此很不高兴我。”由此言可知，语丝社里也有人认为鲁迅此举有失厚道，所以徐志摩当时的情况并不很糟，《语丝》第17期还发表了他译哈代的诗《在一家饭店里》。到《京报副刊》任主编的孙伏园刊发了徐志摩的诗《不再是我的乖乖》，诗里有照例的活泼，哪怕是悲叹也有撒娇的味道。后一个月，徐志摩应孙伏园的约稿，开了10部“青年必读”书目。他和孙伏园的关系还是不错的，后来，在第一部散文集《落叶》的序言里，他诚恳地感谢孙伏园在出版事宜上的“好意和助力”。

徐志摩始终不愿与任何人结仇。但他自始至终都认为自己在英国是得了文学艺术真谛的，于是，他索性把“英国留学生”的头衔笑嘻嘻地戴着，就势扮个小丑样，快乐地说话。他曾和陈西滢一道去看了场被中国导演导得不伦不类的新剧《汉姆雷德》（即《哈姆雷特》），他高高地坐在包厢里，看着穿燕尾服、举止婀娜的哈姆雷特，人家愁时他们乐，人家哭时他们笑。他这样做的理由是：

“我们是去过大英国，莎上比亚是英国人，他写英文的，我们懂英文的，在学堂里研究过他的戏，至少汉姆雷德，在戏台上也看过，许还不止一次，我们当然不仅懂得莎士比亚，并且认识丹麦王子汉姆雷德，我们想象里都有一个他，穿丧服的，见鬼的，蹙着眉头捻紧拳头自己同自己商量——死好还是不死好。”他以此表达他的不服和不屑：

> 英国留学生难得高兴时讲他的莎士比亚，多体面多够根儿的事情，你们没到过外国看不完全原文的当然不配插嘴，你们就配扁着耳朵悉心的听。要说艺术的戏剧，听清楚了，戏剧不是娱乐是艺术，纯粹的最高的艺术，是莎士比亚莫里哀一流的神品，不是杨小楼去盗马，余叔岩去闹府，说起艺术两个字管子里的血都会转得快些的，这事情当然更是我们留学生的专利了；我们不出手，艺术那蜗牛就永远躲在硬壳里面不透出来，没有我们是不成的，信不信？哼，穿燕尾服的汉姆雷德，猫都笑瞎眼珠了！
>
> 这是我们高明新派人腔子里的话，虽则在事实上我们还不屑多费唾液多难为呼吸跟那班人生气，几声冷笑，一小串的鼻音，也尽够表现我们的蔑视了。

更大的一场与鲁迅的论争会在下一个冬天迎候他，那时，他刚旅欧归来，接手《晨报副刊》不久，就卷入《语丝》与《现代评论》已经开战了半年的“闲话之争”。那是一场更惊心动魄的交战，牵涉了更多的人，说了更激烈的话。而这个隆冬的徐志摩，要把所有的精力用在感受《雪花的快乐》：

> 假如我是一朵雪花，
> 翩翩的在半空里潇洒，
> 　　我一定认清我的方向——
> 　　飞飏，飞飏，飞飏，
> 这地面上有我的方向。

不去那冷寞的幽谷，
不去那凄清的山麓，
　　也不上荒街去惆怅——
　　飞飏，飞飏，飞飏，
你看，我有我的方向！

在半空里娟娟的飞舞，
认明了那清幽的住处，
　　等着她来花园里探望——
　　飞飏，飞飏，飞飏，
啊，她身上有朱砂梅的清香！

那时我凭借我的身轻，
盈盈的，沾住了她的衣襟，
　　贴近她柔波似的心胸——
　　消溶，消溶，消溶，
溶入了她柔波似的心胸！

诗是写给陆小曼的，这个在徐志摩29岁时走进他生活的女人，让徐志摩在生命的最后7年里体验到幸福的晕眩和坠入生活暗谷里的无望。关于两人相识相知的经过，各种传记、回忆文章都已描绘得极生动，两人的日记也已毫无保留地展示了当时的喜乐和苦痛。因此，这里不必再做具体的情节渲染，只想依凭两人的日记和书信，拆解两人心理的相互驱动。在尘归尘、土归土之后，陆小曼的母亲曾如此评价徐陆两人的这段情缘：“志摩害了小曼，小曼也害了志摩，两人是互为因果的。”这句话实在有道理。

陆小曼，名眉，1903年生于上海。父亲陆定，字建三，前清举人，年轻时曾东渡日本入帝国大学，与曹汝霖、袁观澜、穆湘瑶等同窗，毕业回国入专司财政的度支部，先后任参事、赋税司长等职，并参加国民党。陆小曼6岁时合家移居北京，她曾就读北平法国圣心学堂，不仅英文、法文俱佳，还专门习过中国画，且颇有建树。纤秀伶俐的她常出入北京城的上流社会圈，颇有声名。1920年，17岁的陆小曼由家人做主与西点军校毕业、供职于外交部同时又在北京大学执教的王赓成婚。婚后不久，王赓调入陆军部服务，后又晋升哈尔滨警察厅长，离家北上赴职。陆小曼则搬回娘家，更成了舞会、戏院里的常客。

这个单独在社交场合抛头露面，又被众星捧月的女人口碑并不好，因此，率性的陆小曼是有隐忧的，她耐不得寂寞，又为人言所困，偏又无处可诉，却越发在人前做戏。而就在此时，与王赓同是梁启超学生的徐志摩从她平素相识的一帮朋友中凸现出来。据说是两人共演了一出《春香闹学》才有了更多的相处时光。无论如何，徐志摩的好性子给予她日常难得的倾诉机会，使她一下子有了精神的依赖。她后来这样回忆与徐志摩的相识："无意间认识了志摩，叫他那双放射神辉的眼睛照彻了我内心的肺腑，认明了我的隐痛，更用真挚的感情劝我不要再在骗人骗己中偷活，不要自己毁灭前程，他那种倾心相向的真情，才使我的生活转换了方向，而同时也就跌入了恋爱了。于是烦恼与痛苦，也跟着一起来。"

在徐志摩这边，他起初对陆小曼的评价也下意识受众人评论的影响，仿佛自己是在高处施与他的体谅和怜惜。随着交往的迅速密切，彼此说了些心里的话，几年来堆积的情感终于有了呼应的对象，这感觉即刻让他迷恋。而迷恋的情绪左右了他的理智，他不知不觉把陆小曼美化了，在她的形象里投注自己多年的期待和理想，并竭力将这个美丽的、高洁的品格灌输给陆小曼，给她欣喜，也下意识地在她面前树立一个让她多加参照的模样。这是一个理想主义者的真性情，也是一个理想主义者专横以致残忍的地方。他在1925年3月3日写给陆小曼的信里写道："不错，勇敢，胆量，怕什么？前途当然是有光亮的，没有也得叫他有。一个灵魂有时可以到最黑暗的地狱里去游行，但一点神灵的光亮却永远在灵魂本身的中心点着——况且你不是确信你已经找着了你的真归宿，真想望，实现了你的梦？来，让这伟大的灵魂的结合毁灭一切的阻碍，创造一切的价值，往前走吧，再也不必迟疑！"说这番话的徐志摩真如他自己所说是"不由的低降下去"，而认为陆小曼是高洁得令他"连平视都不敢了"吗？恐怕未必。他是把自己当作拯救她脱离地狱的光明使者，这个“使者”开启她斗争的决心，告诉她追求爱情是她的责任：“你这样一朵希有的奇葩，决不是为一对不明白的父母，一个不了解的丈夫牺牲来的。你对上帝负有责任，你对自己负有责任，尤其你对于你新发现的爱负有责任，你已往的牺牲已经足够，你再不能轻易糟蹋一分半分的黄金光阴。”他是要做陆小曼的领路人了。他为能够在她面前予取予求的主导地位而愉悦吗？他陶醉于宣泄的畅快和控制的满足吗？或许他并不知觉，但有一点可以确定，他分明站在高处。

他觉得他的新生到来了。这让他再一次焕发无限的诗情，他常在半夜里写诗，有一首题为“我有一个恋爱”，他确实为自己完完全全地拥有恋爱的体验而无比兴奋。他甚至把陆小曼称作“朝山人”，为她描画成功登顶时眼前的美景，鼓动她义无反顾地前行：

前冲；灵魂的勇是你成功的秘密！
这回你看，在这决心舍命的瞬息，
迷雾已经让路；让给不变的天光，
一弯青玉似的明月在云隙里探望，
依稀窗纱间美人启齿的瓠犀，——
那是灵感的赞许，最恩宠的赠与！
更有那高峰，你那最想望的高峰，
亦已涌现在当前，莲苞似的玲珑，
在蓝天里，在月华中，浓艳，崇高，——
朝山人，这异象便是你跋涉的酬劳！

他确是将这次恋爱当作理想的实现，他的朋友胡适对他有个著名的评价：“他的人生观真是一种‘单纯信仰’，这里面只有三个字：一个是爱，一个是自由，一个是美。他梦想这三个理想的条件能够会合在一个人生里，这是他的‘单纯信仰’。他的一生的历史，只是他追求这个单纯信仰的实现的历史。”他要陆小曼也和他一样将爱情视为人生最重大的理想，唯有如此，他的理想才有最终实现的可能。所幸，他的语言激起了陆小曼的共鸣；不幸，将同他一起与各种阻碍斗争的女人实非完美高洁，到时候他有足够坚毅的意志和力量接受这个事实吗？他没有，他虽然乐于务虚，但在性情根子里不免世俗，好比他的文字，轻灵得足以漂浮起来，却总也跳脱不出来。

不过，至少在1925年的春寒里，他觉得自己是有力量的。意大利作家、政治活动家邓南遮给予徐志摩的人生观及创作观相当大的影响。在伦敦时，他就翻译过邓南遮并为其强大的生命力深深钦服。这时重新品评并发表邓南遮的作品是一种激励，激发他为艺术化生活的理想而奋斗的决心，也为他与陆小曼的恋爱提供了一种底色。

徐志摩在邓南遮那里发现感官力的强悍与灵敏，这也是他在童年时已经展露了的，表现为对活色生香的物质世界的领悟与追逐，他也从不掩饰自己对养眼、养心、养神的事物的喜好，并且大部分他都能拥有，他便越发觉着可以得到更多、更完美。这是指生活的理念，也包括创作上的偏爱，比如对实体意象的敏锐把握帮助了他诗歌和散文的写作，那是一种表现式的、一味铺张的写作风格。

他说邓南遮特强的官觉限制了他的推理能力，抽象思想的贫弱与想象力的丰富一样的可惊，仿佛也是他对自己特质的觉悟。他这样描述邓南遮的艺术素质：北欧民族重理性，尚敛节；南欧民族重本能，喜放纵；邓南遮的特长就是他的“酣彻的肉欲”与不可驾驭的冲动，在他生命即是恋爱，恋爱即是艺术。生活即是官觉的活动，没有敏锐的感觉，生活便是空的。所有美的事物的美，在他看来，只是一种结构极微妙的实质，从看得见的世界所激起的快感与痛感，凝合而成的，这消息就在经验给我们最锋利的刺激的刹那间。这是他的“人生观”，这是他实现自我、发展人格的方法——充分地培养艺术的本能，充分地鼓励创作的天才，在极深刻的快感与痛感的火焰中精炼我们的生命元素，在直接的经验的糙石上砥砺我们的生命的纤维。

这是一种与英国式优雅内敛的绅士做派迥异的美学态度。虽然同样注重经验，但徐志摩理解的邓南遮的生命美学更强调感官的满足、非理性的冲动，需要一种以强大的体格和意志为保障的生命力。尽管由于心性气质的差异，这种具有破坏性的热力基本没有影响徐志摩的创作风格，但眼下，这种热情的力量正是他寻求的。此时，他意识到，被陆小曼激发的爱情和想象就源于这种力量。但是，致命的错误也就此种下了根——他实在不是一个有坚强毅力和果敢品格的人，他可以承受轻巧曼妙的感官享受，却负担不起用生命力去做格斗的残局，他的热情和喜乐只是情绪的一种，却远够不上乐观的精神。因此，他的这次审美转向是对自身品格的挑战，即便是受了浪漫本性的蛊惑，结局的成败都要他自己承担。更不幸的是，他还以精神导师的高姿态鼓动陆小曼上了他的船。

徐志摩与陆小曼在交往两个月后，飞短流长纷至沓来，有拿陆小曼喜好交游做文章，有拿徐志摩离婚又恋爱说事情，远在哈尔滨任职的王赓也有所觉察，甚至传闻他回京时有过激烈的表示。压力的到来是意料之中的。徐志摩写下题为“这是一个懦怯的世界”的诗，也顺他的理、成他的章，他要公告他理想的爱情宣言，以散发赤足的姿态表示他对舆论的反驳：

这是一个懦怯的世界：
容不得恋爱，容不得恋爱！
披散你的满头发，
赤露你的一双脚；
跟着我来，我的恋爱，
抛弃这个世界
殉我们的恋爱！

但接下来，他却选择出国暂避风头。高歌爱情的是真实的徐志摩，丢下一个烂摊子给情人、朋友的也是真实的徐志摩。他决定到欧洲旅行，此前泰戈尔来信约他到意大利会面。他仓促动身，辞去北京大学教职，这是他唯一稳定的经济来源，梁启超说他是去冒险，但他仿佛急于去寻泰戈尔，急于去“自愿地充军”。他答应给《晨报副刊》写欧洲见闻，同时担任《现代评论》的特约通讯员，两社各提供他部分的旅行费用，于是，一切就绪。

临动身前，他写信给陆小曼，有如下的叮嘱：“我这回是补足我自己的教育，我一定加倍的努力吸收可能的滋养，我可以答应你我决不枉费我的光阴与金钱，同时我当然也期待你加倍的勤奋，认清应走的方向，做一番认真的工夫试试，我们总要隔了半年再见时彼此无愧才好。”“我想要你写信给我，不是平常的写法，我要你当作日记写，不仅记你的起居等等，并且记你的思想情感——能寄给我当然最好，就是不寄也好，留着等我回来时一总看，先生再批分数，你如其能做到这点意思，那我就高兴而且放心了。”“顶要紧是你得拉紧你自己，别让不健康的引诱摇动你，别让消极的意念过分压迫你，你要知道我们一辈子果然能真相知真了解，我们的牺牲，苦恼与努力，也就不算是枉费的了。”这便是《小曼日记》和部分《爱眉小札》的由来。

徐志摩是计划周游欧洲半年的，这对陆小曼来说委实太漫长，她得独自留在已是满城风雨的北京，面对亲朋的劝诫和议论。除了徐志摩的文字，她什么都抓不住，而文字究竟可以算什么？能作为精神支柱的，终究还是她自己。在欢送徐志摩赴欧的聚会上，她感到前途渺茫，再次纵酒大醉，徐志摩在一旁无能为力。两人的确被分别困住，不得近前，想是王赓发了狠话或是某个有头面的人作了正告，所以也有就此分开的想法吧。从陆小曼后来在3月28日的日记看，两人曾约好此去不通信，不来往，试试能否彼此遗忘，但究竟不愿、不舍、不能、不甘。无论如何，徐志摩是走了，3月10日凌晨出发前，他又写信给陆小曼，规定她一个人的生活：“我要你注意缰子一次拉紧了是松不得的，你得咬紧牙齿暂时对一切的游戏娱乐应酬说一声再会，你干脆的得谢绝一切的朋友。你得彻底的刻苦，你不能纵容你的whims（想怎样就怎样），再不能管闲事，管闲事空惹一身骚；也再不能发脾气。记住，只要你耐得住半年，只要你决意等我，回来时一定使你满意欢喜，这都是可能的；天下没有不可能的事——只要你有信心，有勇气，腔子里有热血，灵魂里有真爱。龙呀！我的孤注就押在你的身上了！”可见，徐志摩是了解陆小曼的弱点的。这个匆匆书就的半年期脱胎换骨计划如果一一见效，那半年后的陆小曼就不再是陆小曼了。

徐志摩3月10日启程，过奉天、哈尔滨，往西伯利亚，到莫斯科，参观了莫斯科城，拜会了托尔斯泰的女儿，为契诃夫、克鲁泡特金扫墓。26日抵达柏林，见到前妻张幼仪，方得知3岁的儿子彼得因患腹膜炎，已于一个星期前夭折，他不曾见过这个儿子，儿子降生时他已决意离开他和他的母亲，就连他的伤心和安慰也迟到了。但这回，他亲见张幼仪的独立和主见，禁不住大为感佩。4月初，他同张幼仪去法国散心，但多半时间还是一个人去拜谒曼斯菲尔德、小仲马、波德莱尔、伏尔泰、雨果的墓地，然后到意大利，可泰戈尔因病已先回了印度，令他大为失望。随后又一口气参拜了雪莱、济慈、勃朗宁夫人、米开朗琪罗和但丁的墓。他自己都说仿佛此行是专程做清明的，除了在儿子墓前心情沉重以外，其余时间徘徊墓园的时候，他都当作是一次“登高”的机会。他喜欢拜访文化名人，说这是对文化英雄的崇拜，他此行的目的之一是与泰戈尔会面，当然不会放过任何一个瞻仰英雄的机会。接下来他又赶紧去了伦敦，却只见到了弗莱和韦利，没碰到狄更生，只是仍不忘看戏。中旬的时候，他同张幼仪一起再游意大利，一面漫游，一面写信给泰戈尔询问是在欧洲等待会面还是干脆到印度去探望。最后，他决定在意大利继续等候，开始写《欧游漫录》。

在佛罗伦萨凭吊勃朗宁夫人的经历，触动了徐志摩对完美婚姻生活的向往。勃朗宁夫人早年因骑马不慎造成脊骨损坏，终年只得在阁楼沙发上度日。与小她6岁的诗人勃朗宁相识相知后，尽管遭到她经商的父亲的阻挠，但爱情的力量竟使她恢复了步行的能力，她也终于同勃朗宁私奔到意大利，定居在佛罗伦萨，度过最后15年的幸福生活。徐志摩说这样完美的爱情是意识的心性的相知，这样的夫妇是人类社会的榜样和灵感，这次拜谒或许也使他对自己目前并不顺利的爱情多有感触和启发，比如私奔。

徐志摩开始写《欧游漫录》，从离京一路写去，就没再顾得上给陆小曼写信。他的世界实在大，他后来这样描述当时的心境：“我年前到欧洲去时的心境：啊！我那时还不是一只初长毛角的野鹿？什么颜色不激动我的视觉，什么香味不兴奋我的嗅觉？我记得我在意大利写游记的时候，情绪是何等的活泼，兴趣是何等的醇厚，一路来眼见耳听心感的种种，哪一样不活栩栩的丛集在我的笔端，争求充分的表现！”他把逗留的这个城市——佛罗伦萨（Firenze）译为“翡冷翠”，这是“一个具有音乐性和足以唤起多种美丽联想的名字”，他很得意这个译名，而这个译名也沿用多年。

他模拟一个女子在情人离去后悲伤辗转的思绪写下《翡冷翠的一夜》，颇有婉转的情思：

你愿意记着我，就记着我，
要不然趁早忘了这世界上
有我，省得想起时空着恼，
只当是一个梦，一个幻想；
只当是前天我们见的残红，
怯怜怜的在风前抖擞，一瓣，
两瓣，落地，叫人踩，变泥……
要是不幸死了，我就变一个萤火，
在这园里，挨着草根，暗沉沉的飞，
黄昏飞到半夜，半夜飞到天明，
只愿天空不生云，我望得见天，
天上那颗不变的大星，那是你，
但愿你为我多放光明，隔着夜，
隔着天，通着恋爱的灵犀一点……

有人说这是他在意大利偶遇一个金发碧眼的女子后写下的，事实如何已不可考，但这苦楚分明又是陆小曼的。当徐志摩在欧洲游历驻足时，在北京的陆小曼却宁愿独自在家里讨个清静，因为一出门便不自觉地感受到人言可畏。她从徐志摩离京的第二天开始写日记，头一天她信心百倍，后一天碰到人的取笑，便进退两难，再后一天又决心义无反顾地“往明处走”，隔出几天忙了应酬之后，又想要退出这场恋爱，让徐志摩回来路去寻他的初恋，但得知母亲扣了徐志摩的来信，她又同王赓和自己的母亲争执，急着要写信催徐志摩回来。现在将这段时间里徐志摩给陆小曼的信和陆小曼的日记对照着读，陆实在比徐写得真切。那一喜一忧、一愁一苦、一进一退都娓娓动人。她是女人，有丈夫、母亲，不能像徐志摩那样抛却舆论的困扰到广大的天地间游历，她只能困在熟识的人群里举步维艰。

在将夜幕下的呻吟写得纤巧动人的同时，徐志摩也写下他到莫斯科看十月革命后的俄国的观感。这是他表明政治倾向的一篇文章。孙中山确定国民党“联俄联共扶助农工”的三大政策之时，国民党内部有相当一部分人表示反对，1925年3月孙中山病逝于北京后，对联俄政策的反对之声更加激烈。徐志摩这篇城市观感文章题为“血——谒列宁遗体回想”，他没有什么党派间的利益取舍，只是作为一个文人陈述他对流血革命的警惕、对死亡换取理想的怀疑。这样的立场大半与他的信仰无关，他写道：“我不敢批评苏维埃的共产制，我不配，……笔头上批评只是一半骗人，一半自骗。……我没取消信仰的必要，因我从不曾有过信仰，共产或不共产。但我的确比先前明白了些，为什么卢梭（罗素）不能不向后转。我怕我自己的脾胃多少不免带些旧气息，老家里还有几件东西总觉得有些舍不得——例如个人的自由，也许等到我有信仰的日子就舍得也难说，但那日子似乎不很近。……莫斯科就仿佛负有那样的使命。他们相信天堂是有的，可以实现的，但在现世界与那天堂的中间却隔着一座海，一座血污海，人类泅得过这血海，才能登彼岸，他们决定也实现那血海。”这是倾向渐进式社会改良的徐志摩对通过革命和阶级斗争方式实现理想社会的怀疑。他父亲的家业是他社会地位的保障，新月社里诸多自由知识分子的政治倾向也决定了他在社会变革方式上的保守姿态，当然，他温和的性情也使得他对流血惶恐。

只是不晓得他在写下这段话时——“莫斯科是似乎做定了运命的代理人了。只要世界上，不论那一处，多翻一阵血浪，他们便自以为离他们的理想近一步，你站在他们的地位看出来，这并不背谬，十分的合理。……他们不说莫斯科，他们口口声声说国际，因此他们的就是我们的。那是骗人，我说。”——他可曾想到自己的恋爱理想和他拉着陆小曼“翻起”的那阵浪？

陆小曼在1925年6月中旬和王赓彻底闹翻后住进了医院，徐志摩接到胡适的电报知道了陆的境况，他一面给陆小曼连发两通回电，一面继续写欧游见闻，继续他的行程。7月初，他再到伦敦，重游康桥，这回又是单独的赏游，竟想起“传呼快马迎新月，却上轻舆趁晚凉”的自由畅快来。总算碰到了狄更生，更难得的是通过狄更生介绍谒见了他心仪已久的“老英雄”哈代。对于他而言，这又是可作为“莫大的荣幸”的事。不到一个小时的会面，哈代没有给他一杯茶，也不愿合影或留言。对这个结果徐志摩有些遗憾，但他满足于亲眼见到了哈代的身形，亲耳听到了他的话音。这个少年气质未脱的人，在偶像前除了感觉充满神奇之外，还能做什么呢？罗素也探望到了，还住了两晚，他说过，听罗素说话好比看法国焰火，种种炫目的神奇，不可思议地在半空里爆发，不由地讶异，不由地欢喜。

而北京的陆小曼也听到半空里爆发的巨响，不过不是法国焰火，而是晴天霹雳。她从一个刚从巴黎回来的朋友那里听说，徐志摩成天在那里跳舞，并且还有一个胖女人同住。这或为误会，但陆小曼看周围一张张笑着的脸，万念俱灰。她连着两个多星期没再写日记。到7月中旬，陆家决定尽快把陆小曼送到上海去，因为王赓正任孙传芳的五省联军总司令参谋长。陆小曼马上给徐志摩拍了电报叫他即刻回京，作一个最后的永诀。她在7月17日写完最后一则日记，只希望归来的徐志摩能体谅她的处境，想象她所承受的苦楚更重三分，她在日记末尾留下这样的话：“你是一个有希望的人，你的前途比我光明得多，快不要因我而毁坏你的前途，我是没有可惜的，像我这样的人，世间不知有多少，你快不要伤心，我走了，暂时与你告别，只要有缘也许将来会有重见天日的一天，只是现在我是无力问闻。”

接到电报的徐志摩马上动身回国，7月底抵京，见到陆小曼，似乎还有喘息的余地。两人一起逛厂甸。徐志摩建议陆小曼继续写日记，并计划买一只玲珑结实的小箱存放他们几个月来交换的信件。他是要就此“造一座墙”，把两人不能见容于世的感情维护起来。8月9日，他开始写《爱眉日记》，开篇第一句便是：“‘幸福还不是不可能的’，这是我最近的发现。”两人的生活仿佛是回到了年初，但事实上所有的矛盾都积存着，徐志摩对周遭关于陆小曼倚重物质奢华的生活方式的议论仍耿耿于怀，他仍一心想造就一个简朴又高洁的陆小曼。陆小曼也对徐志摩几个月的“逃遁”有所怨言，而陆家的“南边去防口实”的计划仍按部就班。

8月底，陆家启程赴沪，一路陪同的还有新月社的朋友、正在上海美专主持校务的刘海粟，徐志摩请他做说客，而他自己也坐上同一趟南下的火车。见到紧随其后的徐志摩，让陆小曼的母亲怒不可遏，她以死威胁陆小曼不得再见徐志摩。徐无奈，只得作诗《我来扬子江边买一把莲蓬》：

我尝一尝莲瓤，回味曾经的温存——
　　那阶前不卷的重帘，
　　掩护着同心的欢恋，
　　我又听着你的盟言，
　　“永远是你的，我的身体，我的灵魂”

我尝一尝莲心，我的心比莲心苦；
　　我长夜里怔忡，
　　挣不开的噩梦，
　　谁知我的苦痛？
你害了我，爱，这日子叫我如何过？

刘海粟后来回忆说，到上海的第三天，他做主请客，在著名的素菜馆“功德林”设宴。到场的有陆小曼母女、王赓、徐志摩、张歆海，还有同徐、陆一样正为情为理所困的杨杏佛、唐瑛等人。这一桌人坐在一起，彼此情形可谓心照不宣，能否功德圆满，无论是当事人，还是热心肠的说客都各有盘算。

祈盼的心如紧绷的弦，却不知未来。到9月10日，徐志摩在见到陆小曼时，提议私奔，但陆当场拒绝。徐志摩急了，冒失地写了信给王赓，还亲自送去。隔日三人见面，徐志摩满心愤懑，也发现王赓的神情举止有异平常，觉出“许有什么花样”，但绝望又一心想逃的他，已没有理智分析眼下的状况。私奔计划曾让他信心百倍，整夜地憧憬即将到来的光亮的日子，但陆小曼的拒绝又将他丢到黑暗里。他只得辗转于无所适从的文字，竟记起尼采的“受难者本没有权利悲观失望”的话，这倒成全了他的诗情，10日那天他在客栈里作了一首诗：

今晚天上有半轮的下弦月；
　　我想携着她的手，
　　往明月多处走——
一样是清光，我想，圆满或残缺。

到了约定的日子，陆小曼没有到杭州来与他共赴天涯。他决定放弃了，在最后一则日记里，他写道："现在我立定主意走了，不管了，以后就看你了，眉呀！想不到这《爱眉小札》，欢欢喜喜开的篇，会有这样惨凄的结束，这一段公案到哪一天才判得清？"

他决然地走，回北京。"昏昏的度日"，抓紧仅有的诗意，写下《丁当——清新》，任性地沉溺于失落，说自己摔破自己的心，又说清醒，却实在木然得很：

檐前的秋雨在说什么？
　　它说摔了她，忧郁什么？
我手拿起案上的镜框，
　　在地平上摔了一个丁当。

檐前的秋雨又在说什么？
　　"还有你心里那个留着做什么？"
蓦地里又听见一声清新——
　　这回摔破的是我自己的心！

后来他曾对新月的后起之秀陈梦家说，这首《丁当——清新》划开了他前后两期诗的鸿沟，他抹去了以前的火气，用整齐柔丽清爽的诗句来写那微妙的灵魂的秘密。事情往往也微妙而秘密得没有想象那样糟糕。

转机是突然到来的：王赓被捕入狱。据陆小曼的侄女陆宗麟回忆，王赓当时代表北洋政府购买军火，却不期对方携款潜逃，他当即被调查。几乎在同时，陆小曼的父亲做主请了律师给王赓发了离婚信，起因是王赓当众责骂陆小曼。王赓是在狱中同意签字离婚的。陆小曼后来谈到当时的离婚也说：“我的计划居然在一个很好的机会中完全实现了。”

世事有时显得残忍却不失慈悲。离了婚的陆小曼回北京来寻徐志摩，但是一时竟找不到他。这个徐志摩是负着气，或许还有委屈，在北京重新寻找事业的起点呢！

第六章　蓬莱不是我的份

回到北京的徐志摩，仿佛决意与生活和解了。他说："我再不想成仙，蓬莱不是我的份；我只要这地面，情愿安分地做人。"他希望自己，还有新月社，都能振作起来，做一点认真的事业和实际的工作。接下来的近一年时间，他编副刊，办诗刊、剧刊，给新月社的文学活动辟出一方园地。虽说应对具体的事务他时有纰漏，也常心急忙乱，终究干得不亦乐乎。然而，他真的与生活和解了吗？

徐志摩是1925年9月中旬离开杭州的，回了趟硖石后，并没有在南方多耽搁，9月20日左右就已经回到北京。在9月24日致刘海粟的信中，他说："我这半年立志不受'物诱'，办我的报，教我的书，多少做一点点人的事业。要不然真没有脸子见朋友了。"其实，不仅是朋友，更难交代的是父亲。他的第一本诗集《志摩的诗》是由徐申如出资交中华书局出版的，连史纸、仿宋版的线装本极雅致，收录了他自1922年至1925年创作的诗歌55首，他自认"最初写诗那半年"的作品"几乎全部都是见不得人面的"，因此极少收入其中。从中国新诗发展史上看，继郭沫若的《女神》给中国新诗真正打开新局面之后，《志摩的诗》为新诗创作巩固了阵地，而在出版之初，意义还没来得及显现时，这册诗集里包蕴着极重的家庭情谊，徐志摩在扉页上书"献给爸爸"，实在是他对父母近30年养育之恩的报答。

但诗集原不是徐申如想要的——如果徐志摩此时踏入中国政界或金融界，想必更如他的心愿。徐志摩也对父亲的期望心知肚明，因而，他把第一本诗集献给父亲，并决定踏踏实实干番事业，自己负担起生活。父亲的希冀、父子的深情是徐志摩生命最后几年里压力与动力的来源之一。他诚恳地反省：

> 我是一只没笼头的野马，我从来不曾站定过。我人是在这社会里活着，我却不是这社会里的一个，像是有离魂病似的，我这躯壳的动静是一件事，我那梦魂的去处又是一件事。我是一个傻子：我曾经妄想在这流动的生里发现一些不变的价值，在这打谎的世上寻出一些不磨灭的真，在我这灵魂的冒险是生命核心里的意义；我永远在无形的经验的巉岩上爬着。
>
> 冒险——痛苦——失败——失望，是跟着来的，存心冒险的人就得打算他最后的失望；但失望却不是绝望，这分别很大。我是曾经遭受失望的打击，我的头是流着血，但我的脖子还是硬的；我不能让绝望的重量压住我的呼吸，不能让悲观的慢性病侵蚀我的精神，更不能让厌世的恶质染黑我的血液。厌世观与生命是不可并存的；我是一个生命的信徒，起初是的，今天还是的，将来我敢说也是的。我决不容忍性灵的颓唐，那是最不可救药的堕落，同时却继续躯壳的存在；在我，单这开口说话，提笔写字的事实就表示后背有一个基本的信仰，完全的没破绽的信仰；否则我何必再做什么文章，办什么报刊？

北京《晨报》是研究系的一份报纸，在天津的《大公报》之前，堪称舆论界的权威，《晨报副刊》则是当时新文化运动的北方堡垒。9月29日，徐志摩正式接编《晨报副刊》。当天的副刊上，自孙伏园走后一直兼任编辑的主编刘勉己刊发《勉己启事》："鄙人现因事忙，定于本月二十九日解除副刊主任兼职，嗣后对于副刊，专任选述《社会》周刊稿件，关于副刊日刊各种事务，自本月二十九日起，请径与主任徐志摩先生接洽。再，晨报副刊向取公开研究态度，此次改革，精神不渝，仍盼海内硕学鼎力匡助为幸。"其实早在欧游之前，《晨报》的老板陈博生、黄子美就力邀徐志摩主编副刊。当时徐志摩曾许诺欧游归来就走马上任，可匆匆回国即忙于恋爱，他推荐了刚从美国回来的闻一多就职，但《晨报》方面并不认可，一直虚位以待，直到徐志摩回京赴任才算有圆满的交代。

10月1日，徐志摩在他主编的第一期副刊上发表办刊宣言《我为什么来办与我想怎么办》，又说到陈博生的竭力邀请，言语间颇为自得。他说，这回他要大显身手，他是老实不客气地要办北京城最好的副刊，不惜曲高和寡，“我自问我决不是一个会投机的主笔，迎合群众心理，我是不来的，谀附言论界的权威者我是不来的，取媚社会的愚闇与褊浅我是不来的；我来只认识我自已，只知对我自已负责任，我不愿意说的话你逼我求我我都不说的，我要说的话你逼我求我我都不能不说的：我来就是个全权的记者，但这来为他们报纸营业着想却是一个问题。因为我自信每回我说话比较自以为像话的时候，听得进听得懂的读者就按比例减少”。然后，他开列了一个强大的作者阵容清单：梁启超、张奚若、金岳霖、傅斯年、罗家伦、姚茫父、余越园、刘海粟、钱稻孙、邓以蛰、余上沅、赵太侔、闻一多、翁文灏、任叔永、萧友梅、赵元任、李济之、郭沫若、张东荪、郁达夫、宗白华、杨金甫、陈衡哲，当然更要包括丁西林、陈西滢、胡适、张歆海、陶孟和、江绍原、沈性仁、凌叔华，也不忘当时的文坛新秀沈从文、焦菊隐、于成泽、钟天心、陈镈、鲍廷蔚等。这份办刊的宣言也是徐志摩的英雄帖，尽管这些师友未必个个都是他一振臂就会积极呼应的，但他对办报的无限热情彰显无余。他首先做主，将副刊的新版式由原先的八开对折八版改为四开对折四版，每版三栏竖行，虽说不上悦目，终究气象一新。刊名请《晨报》的老社长重新题写，刊头原来约了刘海粟绘制，刘未有回音，又请好友凌叔华描了比亚兹莱的一幅题图续上。

但纰漏在他上马伊始就出来了。这改版后的第一期除了徐志摩自己的宣言《我为什么来办与我想怎么办》之外，还有两篇作品。一是梁启超的旧体诗《题宋石门画像》，旧稿而已。另一篇是凌叔华的小说《中秋晚》，这才是首期隆重推荐的作品。在编者附识中，徐志摩对凌叔华的题图和小说一并感谢，他写道：“为应节起见，我央着凌女士在半天内写成这篇小说，我得要特别谢谢她的。还有副刊篇首广告的图案也是凌女士的，一并道谢。”可就是后面这句模糊的“道谢”出了问题：当日他是急匆匆地找凌叔华画刊头图的，两人一起从一本书面样本里找到一个合适的图案，徐志摩即刻就要把这页撕下带走，凌叔华只得匆忙描下来，连晚交去付印。再看徐志摩的感言，本不提图案也罢，描一个题图也实在算不得什么，但既然提起了却没有说明是原创还是临摹。这不是疏忽，而是没经验，便给了有心人小题大做的由头。

在出刊当晚的聚会上，就有同人徐祖正与邓以蛰提醒他，刊头是比亚兹莱原作的临摹，恐怕还是补充说明的好，免于误会。也有人当面问过凌叔华，凌告知是从画册上临摹的，然后急着寻到徐志摩说："又该人骂了。"对于这些，徐志摩却不以为然。10月8日，同在北京的另一大报《京报副刊》果然不失时机地登出重余（陈学昭）的文章《似曾相识的〈晨报副刊〉篇首图案》，指出题图的作者为"窃贼"。徐志摩这才意识到事态的严重，致信孙伏园说明更正，话也照例说得轻松乖巧："这回晨报副刊篇首的图案是琵亚词侣（即比亚兹莱）的原稿，我选定了请凌叔华女士摹下来制版的。我谢了她，却没有提画的来源。重余先生不耐烦了。该的。他骂了。幸亏我不是存心做贼，一点也不虚心，赶快来声明吧。……我即使存心做贼，我也决不会到团城里去偷了那尊大玉佛回来供在家堂说这是我亲手雕的。太笑话了。"

其实，这桩公案也不能全怨徐志摩办事不牢，两家京城大报的竞争，两种政治倾向的文人团体的矛盾，乃至孙伏园与《晨报》的过节，还有凌叔华迅速成名难免遭遇的妒忌，恐怕都是造成事端的根源。凌叔华是才女，原名凌瑞棠，1900年生于北京一个仕宦之家，父亲凌福彭出身晚清翰林。凌叔华幼年时先后师从缪素筠、王竹林、郝漱玉等学画，还跟辜鸿铭学过英文。1922年入燕京大学外语系，主修英、法文，并加入燕京大学文学会开始创作。1924年初，由在燕大执教的周作人推荐，开始在《晨报副刊》上以笔名瑞唐发表小说、散文。4月底作为学生代表参加欢迎泰戈尔的宴会，结识徐志摩和陈西滢，此后常参加新月社聚会。毕业后被聘为故宫博物院审查书画专员，可谓才气不让须眉。《现代评论》创刊不久，她的小说《酒后》经由陈西滢编发，引起文坛关注，随后陈西滢、徐志摩都在各自负责的刊物上诚挚推介，凌叔华很快跻身名家之列，成为"闺秀派"小说的代表作家。

徐志摩视凌叔华为知己，在离开林徽因后最苦闷的几个月里，凌叔华是他最亲近的倾诉对象，他给凌叔华写了不少信。我们现在可读到的其中6封是凌叔华在徐志摩去世后经删节处理，发表在她主编的《武汉日报·现代文艺》上的。从这些信看，徐志摩希望凌叔华成为他“理想的通信员”，凌答应了。多情如徐志摩，这下自然免不了寄望于华丽烂漫的文字、鱼雁往来的期待。她为徐志摩的第一本诗集《志摩的诗》题写了献词——“献给爸爸”，以至于徐申如很长一段时间都一厢情愿地盼望凌叔华做他的第二个儿媳。1925年3月，徐志摩正为陆小曼的恋情所困，暂避风头游历欧洲前，把装有与林徽因、陆小曼有关信件的“百宝箱”交托凌叔华保管，还半开玩笑说，如果此次他在国外身逢意外，凌可用箱里的材料替他写传记或小说。徐志摩回国后，“百宝箱”仍留存在凌处，再后来凌叔华嫁与陈西滢，徐志摩也终于同陆小曼成婚。到1931年徐志摩离世，其间除徐取走过一段时间外，“百宝箱”一直由凌叔华保存。足见徐志摩对她的看重和信任，也可知徐与凌的情谊，与林徽因、与陆小曼都不相同，没有故事，没有欲求，也就少有利害，无须防备。

但这一箱记满“孽缘”的纸，终究惹出了一大堆是非。后来陆小曼曾扬言要烧掉徐志摩为林徽因写的雪池时代日记。林、凌两人又为徐志摩的遗稿之一——康桥日记的归属起了争执。凌叔华不愿将记录徐与林初识的那段日记交给林徽因，而擅自截取留存，即便后来胡适出面，她也坚决不出示，林徽因为此颇为恼恨。从凌叔华的角度看，她作为徐志摩这十年天堂地狱的感情经历的知情者，又曾受托保管这些私人的文字，在朋友身后尽可能为其维护所有手稿的完整，或出版，或遵嘱立传都是义不容辞的。而林徽因出于保护个人隐私的考虑，不愿相关内容公之于众也在情理之中。倒是徐志摩专门留存这些文字，颇能体现他的性情和价值观，他如此期待爱的美满，并以此作为他一生的理想，即便他的情感生活始终支离破碎，但同时，他对情爱的珍视和留念又是如此依赖于文字，依赖于他个人曾经的描绘。

尽管接手办报之初遭遇了些麻烦，但信仰“情感是力量”的徐志摩说，他是戴了白手套作骑士来搏斗的，至于搏斗的对象，许是人，许是问题，许是现象，许是思想本体。他有四个战略原则：第一，专打正占胜利的对象；第二，专打没有人打的对象；第三，永远不来对人的攻击；第四，攻击某事物的动机，不包含私人嫌隙的关系。总之，他要迎上前去！

接编副刊的第一周，他就积极配合刘勉已的《社会》周刊，开辟“苏俄究竟是不是我们的朋友”专题论坛。

徐志摩不赞同国民党的联俄方针，他的政治立场首先是出于家族利益的考虑。徐申如曾为在北洋政府内寻觅靠山颇下过一番功夫，与在北洋政府任农商总长的实业家张謇往来甚多，他多年经营的政治靠山自然是北洋政府的势力。再者，徐志摩的师长好友基本上都是研究系的成员，比如梁启超、林长民等都曾进入段祺瑞的内阁担任总长，且寄望倚靠段祺瑞的武力实现宪政。况且为了和国民党竞争政治势力，作为立宪派领袖人物的梁启超曾是以黎元洪为理事长的进步党的头面人物。因有这番党见在先，更重要的是梁启超的宪政理想，使得他对国民党联俄政策和革命方针颇为反感。因此，作为主编，徐志摩虽然一再强调他选稿的标准是看作者是否忠实、勇敢、坦白，但他的政治立场已很明确。

正当《晨报》“对俄问题”大讨论引起社会很大反响的时候，北京爆发了数万民众参加的反对段祺瑞政府的大规模游行示威，《晨报》由于在大讨论中的反俄立场而遭人纵火。11月28日下午，示威人群手执旗帜，大书“打倒晨报及舆论之蟊贼”等标语，蜂拥至宣武门大街，将《晨报》报馆大半房舍焚毁，印刷机器和家具损失更为惨重。幸好，副刊部毁损不算太大，大部分稿件幸存。因此副刊在停刊一星期后便恢复出版。徐志摩在《灾后小言》中写道：“我倒是不慌，也不急，火烧得了木头盖的屋子，可烧不了我心头无形的信仰……本副刊以后选稿的标准还是原先的标准：思想的独立与忠实，不迎合照旧不迎合，不谀附照旧不谀附，不合时宜照旧不合时宜。”

在政治立场上“不合时宜”的徐志摩不愿看到中国走俄国十月革命的路是出于对阶级学说绝对的怀疑，他认为俄国革命是人类史上最惨最痛苦的一件事实。他的这个观点在《欧游漫录》中就曾专门著文表述过。他向来不吐不快，在1926年1月21日发表于《晨报副刊》的著名的《列宁忌日——谈革命》一文中，他重申了自己的立场，并在文中警告中国青年不可盲从苏俄。

在后期新月社那些“能写政论文章的人”中间，徐志摩是较少写这类文章的。尽管他早在1920年就在英国伦敦政治经济学院师从拉斯基，接受了费边社会主义的影响，并和后来三四十年代众多接受社会民主思想的中国知识分子一样，将其作为自由主义政治理想的思想背景。但是与张君劢等人不同的是，徐志摩在经历康桥的诗情感召之后，便不再有心力和兴趣涉足政界，这篇《列宁忌日——谈革命》是他较为完整地阐述个人政治立场的文章。

对联俄政策，徐志摩与胡适有不同的立场。1926年夏，经西伯利亚铁路赴欧的胡适曾在莫斯科停留三天，他在给友人张慰慈的三封政论长信中，表达了与徐志摩不同的观点。他认为，虽说苏俄政治家的理想是爱自由的人不能完全赞同的，但他们意志的专笃却令人佩服。在他看来，苏联在进行一个空前伟大的政治新试验，而“我们这个醉生梦死的民族怎么配批评苏俄”！胡适希望这三封信能让徐志摩等朋友一起来看，徐志摩给胡适写去长信，又索性请张慰慈节录几段重要的话刊发在9月11日的《晨报副刊》上，还刊登自己的评论《一个态度及案语》。徐志摩认为，对苏俄的政治试验顶礼佩服是可以意料的，他当年到了莫斯科也曾一样兴奋，但是，目前的中国局势下，“我们应得研究苏俄所悬的那个‘乌托邦理想’，在学理上有无充分的根据”。其次，这政治新试验过程中，“所包含的牺牲值得与否”。再其次，“每种政治试验都有它的特殊的背景，苏维埃制在俄国有成效这件事实（假使有）是否就可以肯定这办法的普遍适应性”。

胡适将回信搁了一个多月，他觉得把信上一些“完全不入耳之言”寄给正为与陆小曼结婚一事忙得“坐不定，睡不稳”的徐志摩有点不妥当，所以他到10月14日才将回信补寄到上海，这时，徐志摩已经结婚并离京一个多月了。在信中，胡适以批评国人行动意志的薄弱作为答复。他认为，综观世界政治史，社会制度的选择、政府的更迭从来就“不是东风压了西风，便是西风压了东风”，经营政治的人根本不承认“学理”，也不理会“比较平和，比较牺牲小些的路径”。至于苏俄制度是否适于中国，他以实验主义的眼光申明：救国不论制度，而在于行动。他不同意徐志摩认为中国政体要向英国学习的观点，与美国相比，英国过于保守，他观察到美国在解决劳资问题上的新自由主义倾向连英国人也歆羡，希望徐志摩多关注。

两人的政治倾向后来也一直有所差异，这也是徐志摩在1929年7月后逐渐淡出政论气氛越来越浓厚的《新月》月刊的原因之一。但无论如何，徐志摩以及众多现代中国自由主义知识分子对中国未来怀有极大的理想，他们自愿担任启蒙的责任，将民主、科学、自由、平等、人权、法治等概念移植到中国社会，希望借此让中华民族涤荡流弊，焕发新生，成为新兴的现代化国家，同时民智亦得开启，民众成为全新的现代公民。

然而，国事内忧外患已容不得自上而下平稳推进的启蒙和改良运动了。就在1925年5月30日，上海发生五卅惨案。之后，汉口、九江、沙基、重庆、南京接连发生工人罢工遭英军警武力压迫的惨案。7月成立的广州国民政府积极支持各地的罢工斗争，并寄望于这股力量推翻段祺瑞的军阀政府。全国范围的工人运动激发起各界的革命热情，打倒帝国主义的怒吼响彻四面八方。国人的民族意识和阶级意识都同时得到了强化。

在文化界，要求文学服务于社会运动、致力于唤醒国民抵抗帝国主义侵略的呼声空前高涨。"只知道个人，只认得清个人，只信得过个人"的价值观越来越式微而"不合时宜"，徐志摩的《晨报副刊》也真的越来越像他"个人的喇叭"。他爱诗，就在副刊上办《诗镌》；他爱戏剧，就在副刊上办《剧刊》。不过，在践履这些个人情趣之前，他同鲁迅了结了一笔不清不楚的账。

账单在两年前他接待泰戈尔来华、一年前他向《语丝》投稿时就一直挂着没算，这次他主动加入陈西滢和鲁迅已经持续了半年的"闲话"之争，当然最初是为了给好友帮腔。"闲话"之争始于1925年底，起因是北京女师大风潮。当时女师大校长杨荫榆宣布开除许广平等6名学生自治会成员，遂引发学生群起驱逐杨荫榆，鲁迅、周作人都站在学生一边。而陈西滢则指责学生不尽学习之责，行为过激，要严惩，不可姑息，还暗指鲁迅等人在暗中鼓动。随后，双方都以"闲话"作题，针锋相对，甚至互有攻击。

1926年1月13日，徐志摩作《"闲话"引出来的闲话》刊在《晨报副刊》，赞许陈西滢在《现代评论》第57期上谈法朗士一文，说这是一篇可羡慕的妩媚的文章，说陈西滢学法朗士的态度"讥讽中有容忍，容忍中有讥讽"，是"有根"的，像这样才当得起"学者"的称号。他进而补充道，这称号不是指有学问，而是认真学习的意思。不过有时徐志摩的笔太滑、心太浮，劝陈西滢还是别寄望以“闲话”主持事理的公道、人情的准则，因为这“本来是，拿了人参汤喂猫，她不但不领情，结果倒反赏你一爪”。这下他自投罗网，且授人以柄。周作人当即写了《闲话的闲话之闲话》寄到《晨报副刊》，说徐志摩的诗人眼，飘来飘去到处只看见红花圆月，树林里的痴鸟。当然主要还是把女师大的事一并拿出来直击陈西滢，话说得粗，也毒：北京有两位新文化新文学的名人名教授，因为愤女师大前途之棘，先章士钊后杨荫榆，而扬言于众曰：现在的女学生都可以“叫局”。这两位名人是谁，这里也不必说，反正是学者绅士罢了。像陈西滢先生那样真是忠贞于女性的人，不知道对于这些东西将取什么态度，是讥讽呢，还是容忍呢？

写下这番言语的周作人并不期徐志摩会把稿子公开发在副刊上，但1月20日的副刊登载该文，同时刊发徐志摩的《再添几句闲话的闲话乘便妄想解围》。他在文章里把周作人、陈西滢都列为朋友，说自家尽闹对谁都没有好处，何苦来！这下和事佬没做成，倒两边不讨好。陈西滢说得凶，说徐志摩的这篇按语分明是替他认错，替他回护，他是十二分地不领情。徐志摩又写信央周作人解围：“我妄想解释做和事佬，谁想两头都碰钉子，还是你一边的软些，你只说无围可解；那一边可是不大高兴。唬得我再也不敢往下问，改天许还看得见闲话。……谑固然不得，但不当近于虐；就近有许多东西玩笑开得似乎太凶了。……就说西滢吧，我是完全信得过他的。就差笔头太尖酸些不肯让人，启明兄你如其信得过我，按我说，也就不该对西滢怀疑，原来还不是彼此都是朋友？也许真是我笨。你们争执的分量我始终不曾看清楚。等吧。下文还有哪，我想。”

“看不清真相”的徐志摩隔天收到陈西滢的信，并要求他登在《晨报副刊》上。这封信既是对鲁迅指名道姓的攻击，也是对徐志摩劝和的拒绝。在信中，他说鲁迅是“做了十几年官的刑名师爷”“一下笔就想构陷人家的罪状”，还以赵子昂画马打比方，说鲁迅的文章也是对着镜子里的自己写的，“没有一句骂人的话不能应用在他自己的身上”。不仅旧调重弹说鲁迅的“《中国小说史略》就是根据日本人盐谷温的《支那文学概论讲话》里面的‘小说’一部分”，又动用了“土匪”“叭儿狗”等字眼竭尽攻击。这封信登或不登都麻烦，但相比与周氏兄弟的交谊，他当然更倾向于陈西滢这边。最后，他还是在自己负责的版面上为“闲话”之争辟了专题。1月30日的《晨报副刊》成了“攻周专号”——《闲话的闲话之闲话引出来的几封信》，刊有陈西滢给他的一封信，另有陈西滢、周作人、张凤举就“叫局”一节系误传的几通信件。在《关于下面一束通信告读者们》中，徐志摩第一次面向鲁迅说话：“西滢是我的朋友，并且是我最佩服最敬爱的一个。他的学问、人格都是无可置疑的。他心眼窄一点是有的；说实话，他也不是好惹的。关于他的闲话里对时事的批评，我也是与他同意的时候多，虽则我自己没有他那样说闲话的天才与兴会。这是一造。至于其他一造，周氏兄弟一面，我与他们私人的交情浅得多。鲁迅先生我是压根儿没有瞻仰过颜色的。作人先生是相识的，但见面的机会不多。鲁迅先生的作品，说来大不敬得很，我拜读过很少，就只呐喊集里三两篇小说，以及新近因为有人尊他是中国的尼采，他的热风集里的几页。他平常零星的东西，我即使看也等于白看，没有看进去或是没有看懂。”然后，他陈述刊登陈西滢信的理由：第一，争执双方所牵连的当事人多少是知名者，争执的由来是当时教育界最重要的风潮，话题不仅涉及社会、政治，甚至牵连道德，沸沸扬扬半年多，正有打开天窗说亮话的必要；第二，不能让怨毒再发展，不如当众开刀为好；第三，彼此同是对言论、对青年有责任者，更不应在私己纠纷上过度纠缠。虽说徐志摩的笔法没有陈西滢那么淋漓，姿态也不及陈的泼辣，但既然私下调解无效，利用《副刊》这方园地公开表示自己的态度，的确不失为补救的办法。

“讨周专号”刊发后，徐志摩有些慌神，越发没有心力再纠缠于这场论争。第二天，他再次致信周作人，说：“关于‘闲话’之争，我今天与平伯、绍原、今甫君谈了，我们都认为有从此息争的必要，拟由两面的朋友们出力劝和，过去的当是过去的，从此大家合力来对付我们真正的敌人，省得闹这无所谓的口舌，倒叫俗人笑话。我已经十三分愁怅，前晚不该付印那一大束通信。”而对于鲁迅，这时他也只能说些无可奈何的话：“令兄鲁迅先生脾气不易捉摸，怕不易调和，我们又不易与他接近，听说我与他虽则素昧平生，并且他似乎嘲弄我几回我并不曾还口，但他对我还像是有什么过不去似的，我真不懂，惶恐极了。我极愿知道开罪所在，要我怎样改过我都可以，此意有机会希为转致。”其实，这时的周氏兄弟已失和，鲁迅已搬出八道湾寓所一年多了，两人只是公开场合还在一个文化阵营里，私下已不相往来。徐志摩的这番功夫算是白做了。

解围依然没有生效，倒有扩大之势。时任国立京师图书馆副馆长的李四光因鲁迅和陈西滢都拿他的月薪问题做文章而两次致信《副刊》予以澄清。徐志摩也在2月3日将来信和自己的回信《结束闲话，结束废话》一并刊出，大叫双方带住，“别再死捧显微镜，无限的放大你私人的意气”，并声明副刊此后再不登载对人攻击的文字。但鲁迅分别在2月7日的《京报副刊》和2月8日的《语丝》上发表《我还不能“带住”》和《不是信》，说徐志摩、陈西滢和李四光这一来一往的书信是有预谋的“串戏”，并坚决地对陈西滢的《致徐志摩信》内容一一批驳，又顺势重提凌叔华剽窃小说及题图的谣言。对此，无论是徐志摩还是陈西滢都没有再回应。再后来，除了鲁迅，无论是陈西滢还是周作人都未把这些“闲话”文章收录到自己的文集里。

综观这次论争前后，徐志摩的参与是自讨没趣。拉开架势同人针锋相对，这不合他的性格，他没有攻击性，甚至连防守的力量也有限。退出“闲话”之争后，他再没有在任何文章里说起过与鲁迅的宿怨。倒是鲁迅一味作“韧性的战斗”，只要议到一向为他所恶的“绅士风范”便不放过徐志摩。在这年的7月，鲁迅发表的《马上日记二》里，又刺到徐志摩，由头还是泰戈尔，他说，“这两年中，就我所听到的而言，有名的文学家来到中国的有两个。第一个自然是那最有名的泰戈尔即‘竺震旦’，可惜被戴印度帽子的震旦人弄得一塌糊涂，终于莫名其妙而去；后来病倒在意大利，还电召震旦‘诗哲’前往，然而也不知道‘后事如何’”。后一篇的末尾又说起留学生的学问和班门弄斧的危险，也不忘连带讥刺徐志摩和陈西滢，说欧美留学生的学问也讲究物以稀为贵，在国外专以李白、杨朱做毕业论文，回了国，就专讲萧伯纳、威尔士、莎士比亚，却尽说些“何年何月自己曾在曼殊斐儿墓前痛哭，何月何日何时曾在何处和法兰斯点头”的话。

其实，一个都不饶恕的鲁迅从未视徐志摩为对手。陈西滢在晚年回忆新月社时，说过这样一句话：“志摩向不骂人而常得鲁迅的骂者，一来是城门失火殃及池鱼，一来是鲁迅不喜欢他（鲁迅与人说，陈某我还与他拉过手，徐志摩我连手也不与他拉）。”这种轻蔑，徐志摩自己恐怕也能觉出的。人与人之间，文章有好坏，思想有深浅，但论为人处世，则互为明镜，各见短长。

1926年3月，在硖石过完年回北京的徐志摩，开始计划借《晨报副刊》的版面为新诗运动呐喊。这是他主编副刊期间最突出的成绩，不仅为新格律诗的尝试提供了专栏阵地，为新月社的中兴营造了声势，而且，强调形式美、韵律美的新诗理论也深刻地影响了徐志摩后期诗歌的创作。对于新月社，徐志摩极希望它能有声有色地在文坛占有一个有足够分量的地位。早在一年前游欧不久，他就写信给新月社的同人，对新月社原初俱乐部式的松散状况表示不满：“我们这一群人，在这新月的名义下结成一体，宽紧不论，究竟想做些什么？我们几个创始人得承认在这两个月内我们并没有露我们的棱角。……这露棱角几乎是我们对人对己两负的一种义务。……这petty bourgeois（小布尔乔亚）的味儿我第一个就受不了。……几个爱做梦的人，一点子创作的能力，一点子不服输的傻气，合在一起，什么朝代推不翻，什么事业做不成?”但事实上，《现代评论》创刊后，大部分新月的力量都汇聚到那里去了。徐志摩决定同新人合作，以“新月”的名义认真做出些事来。于是，他主动去找了闻一多。

小徐志摩两岁的闻一多是在美国专修绘画3年后于1925年5月归国的。初来乍到时，徐志摩热心地推荐他到刘百昭任校长的北京国立艺术专门学校做了教务长，同校任教的还有余上沅、赵太侔等。他也曾以客人身份参加过新月社的聚会，但显然他并不认同绅士的风雅气息，就不再去新月社，而在自家立起了门户，与清华“四子”，即：朱湘（字子沅）、孙大雨（字子潜）、饶孟侃（字子离）、杨世恩（字子惠）及刘梦苇等一群年轻诗人定期在他的三间画室举行诗会。

徐志摩是不请自到探访闻一多在西京畿道34号的住所的。呈现在他面前的是一个怪异的居室布置——狭小的屋子里涂成墨黑的墙上镶着金边的墙线，单就这色调便是新月社里绝难见到的，让人想到普切尼在歌剧《波西米亚人》里描绘的巴黎拉丁区穷艺术家的生活。但徐志摩仍由衷地羡慕闻一多和他的诗会，他要参加这个雅集。闻一多他们也正有发动一场新诗形式运动的计划，亟须创办一个刊物作为诗歌及理论发表的阵地，正苦于资金和通过政府报刊出版查核的困境。于是，闻一多、蹇先艾向徐志摩提出，希望能在副刊上开辟新诗专栏，两厢一拍即合，具体的筹备立即展开。1926年4月1日，《诗镌》问世，后来的许多文学史家将此作为新月诗派成立的标志。

发刊词是徐志摩写的，不提闻一多是否欣赏徐志摩的诗作和诗风，徐志摩对闻一多、饶孟侃的新诗格律主张则表现出颇多的认同。他在这则宣言中写道："我们的大话是：要把创格的新诗当一件认真事情做。……我们信我们自身灵性里以及周遭空气里多的是要求投胎的思想的灵魂，我们的责任是替它们构造适当的躯壳，这就是诗文与各种美术的新格式与新音节的发现；我们信完美的形体是完美的精神唯一的表现；我们信文艺的生命是无形的灵感加上有意识的耐心与勤力的成绩；最后我们信我们的新文艺，正如我们的民族本体，是有一个伟大美丽的将来的。"这番话大体上陈述的是新诗运动的主张，如强调新诗写作要关注格式和音节，要注重形式的完美，创作是一个耐心与勤勉结合的过程等。但是，同后来发表在《诗镌》上的闻一多的《诗的格律》与饶孟侃的《新诗的音节》等格律新诗理论相比，徐志摩并未全然摒弃他对诗人灵感及艺术的神秘主义的认同。这一直是他诗性的源头。

事实上，他的自信遭到质疑恐怕是他接受并尝试闻一多所谓"戴着脚镣跳舞"的格律新诗的原因之一。《志摩的诗》出版之初，好友陈西滢曾给予十分中肯的评价。他说："《志摩的诗》几乎全是体制的输入和试验。经他试验过有散文诗，自由诗，无韵体诗，骈句韵体诗，奇偶体诗。虽然一时还不能说到它们的成功与失败，它们至少开辟了几条新路。"他认为，徐志摩最大的贡献在他的文字，极好的模仿力和悟性使他寻到现代汉语遣词造句的规律，他有些欧化的语言流畅而独特，音节悦耳、意象丰富、字句华美，但有时不免堆砌之感。后来几十年间，徐志摩文学创作的声名起起落落，但这段评论几乎定下了从文本角度评价徐志摩诗文的总基调。

但徐志摩对自己文字的评价却远不如陈西滢一针见血。他的第一本诗集出版后，不断有批评的意见反馈，甚至有人说："没有人会认为徐志摩是一个诗人。"较为详尽且有理有据的批评者是朱湘，他首先不同意徐志摩说自己擅长哲理诗，他不客气地指出："徐君的所谓的哲理诗，这些诗有太氏（泰戈尔）的浅，而无太氏的幽——因为徐君的生性根本上就不近宗教。”然后肯定徐志摩采用土白创作的平民诗和脱胎于词人的清秀和婉约的情诗，这确是徐志摩早期诗歌创作的特点。朱湘还主要罗列了徐志摩在艺术上的6个缺点：土音入韵，骈句韵不讲究，用韵时有不妥，用词有时欠当，忽略行的独立，欧化太生硬等。这些批评对徐志摩个人诗才的自我认同影响颇大。事实上，按照后来卞之琳的观点，朱湘在韵律方面批评《志摩的诗》应该说基本正确，但他忽略了白话与文言的基本区别所在，而照旧按文言规律的做法，硬算单字数以求诗行、诗节的整齐、匀称，是因为他对徐志摩诗语言所以生动、富有音乐性的内在特质并不了解。

徐志摩对现代汉语语感有天然的敏锐感觉力，他“善用成语，又能自铸新词”。这一点，当时连他自己都没有真正意识到，他只是从创作体验中直觉到“天籁”“灵感”对他的召唤。在这首描写末代皇帝被逐出宫的《残诗》里，他已达到用口语写诗而珠圆玉润的境界：

怨谁？怨谁？这不是青天里打雷？
关着，锁上；赶明儿瓷花砖上堆灰！
别瞧这白石台阶儿光润，赶明儿，唉，
石缝里长草，石板上青青的全是莓！
那廊下的青玉缸里养着鱼，真凤尾，
可还有谁给换水，谁给捞草，谁给喂？
要不了三五天准翻着白肚鼓着眼，
不浮着死，也就让冰分儿压一个扁！
顶可怜是那几个红嘴绿毛的鹦哥，
让娘娘教得顶乖，会跟着洞箫唱歌，
真娇养惯，喂食一迟，就叫人名儿骂，
现在，您叫去！就剩空院子给您答话！

虽对现代汉语的客观规律并没有理性认识，他却十分注重诗的音乐性。在倾听闻一多、朱湘对新诗新格的发掘后，他开始有意识地沉淀他的写诗经验。闻一多对新诗格律最为精粹的概括是：音乐的美（音节）、绘画的美（辞藻）、建筑的美（节的均齐和句的均齐），他确信，新诗要走进一个新时期了。这些新主张深深打动了徐志摩，他实在是很高兴与闻一多、朱湘等诗人同行。他说："我这生转上文学的路径是极突兀的一件事；我的出发是单独的，我的旅程是寂寞的，我的前途是蒙昧的。直到最近我才发见在这道上摸索的，不止我一个；旅伴实际上尽有，只是彼此不曾有机会携手。这发现在我是一种不可言喻的快乐，欣慰。"闻一多关于新诗格律与形式的理论的确警醒了徐志摩，一直以来，他写诗只是与他个人有关，这回他感到自己的创作有流于散漫的嫌疑，也只是出于对个人创作的认知、调整和新的尝试。

浪漫派终究是最合他气质的风格，他极依赖"超实际生活的性灵生活的俄顷"，并视之为发现自我的一大关键。他相信实际生活中的经历、动作、思想，没有一丝一屑不同时在性灵生活中如影随形地留下"对号的存根"。这是象征派的神秘论调，特别适宜徐志摩这样青睐灵感的人。5年后，在自己第三本诗集《猛虎集》的序言里，他仍对闻一多表示他的真诚的感谢："一多不仅是诗人，他也是最有兴味探讨诗的理论和艺术的一个人。我想这五六年来我们几个写诗的朋友多少都受到《死水》的作者的影响。我的笔本来是最不受羁勒的一匹野马，看到了一多的谨严的作品，我方才憬悟到我自己的野性；但我素性的落拓始终不容我追随一多他们在诗的理论方面下过任何细密的工夫。"这是老实话，徐志摩的诗情源自灵气，他强调说他的诗行要的是筋骨里道出来，血液里激出来，性灵里跳出来，生命里震荡出来的纯真的思想，这才是他的信仰，他接听天籁的音。

他的"天籁"就是他能将白话新诗显出一种基于言语本身的音乐性，具体表现为诗歌中京味口语的干脆与简练。这使他在"方块诗"严格规律之中，自由表现天才，让许多习惯读旧诗、读西方诗而自己不写诗的人，读了他的诗作感到白话新诗也真像诗。这一点也是他人所不及的，他终于以他的创作让中国白话新体诗稳住了阵脚，他为中国新诗发展作出了不小的贡献。

他在文坛有巨大的声名，所以，《诗镌》的主编当然非他莫属。但实际负责选稿的是闻一多，外稿大多不用，主要刊发团体内诗人的作品。从4月到6月，共11期专栏，刊载新诗84首，以徐志摩、闻一多、饶孟侃、杨世恩、刘梦苇、蹇先艾的作品居多，最有名的当然是闻一多的《死水》和朱湘的《采莲曲》。闻一多把《死水》和饶孟侃的《捣衣曲》排在前面，而把《采莲曲》放在左下角，颇令朱湘不满，从此再未同《诗镌》联系。论才气，朱湘不让于徐志摩，但性格正好相异，朱湘孤傲、狂狷，极渴望友谊，却常开罪朋友。他曾说，"瞧志摩那张尖嘴，就不像是作诗的人"，偏激如斯，可见其为人处世。

《诗镌》办刊的两个多月，北京文化界空气一直极紧张。4月初，张作霖、吴佩孚、阎锡山夹攻冯玉祥的国民军，冯部被迫撤出北京。奉军入京，段祺瑞下野，执政府垮台。张作霖首先向新闻界开刀，《京报》社长邵飘萍因曾公开力数张作霖罪状，鼓励张学良父让子继，支持奉部郭松龄倒戈，此时即被捕，隔天清晨被枪决。据说先遣入京的"狗肉将军"张宗昌手头有个黑名单，罗列北京文化界名人50余，蒋梦麟、周氏兄弟、林语堂等均在列。各家报纸都充满未通过检查而被删去文章留下的空白，很多报社索性自动停刊，连书信、电报都要接受严格检查，截留甚多。京城文化界人人自危，相当一部分文化人纷纷南下，以免遭殃。徐志摩对此番局面倒描述得轻巧，他给胡适写信说："最近的消息，是邵飘萍大主笔归天，方才有人说梦麟也躲了。我知道大学几位大领袖早就合伙了在交民巷里住家——暂时不进行他们'打倒帝国主义'的工作。何苦来，这发寒似的做人！"这不合时宜的嘲讽笔调是很令人不快的。

与此同时，闻一多也决定举家还乡。少了闻一多的《诗镌》，稿件一时难取舍，徐志摩在刊发《诗刊放假》后，《诗镌》停刊。对于这短暂的新诗格律体的发言，朱自清在《中国新文学大系》的《诗集·导言》里给予这样的评价：他们要"创格"，要发现"新格式"与"新音节"。他们真研究，真试验；每周有诗会，或讨论，或诵读。梁实秋说"这是第一次一伙人聚集起来诚心诚意的试验作新诗"。虽然只出了十一号，留下的影响却很大——那时候大家都作格律诗；有些从前极不顾形式的，也讲起规矩来了。但也有人认为过分强调新诗的形式正是内容空乏的表现，并把"新诗格律"比作天足的妇女重又缠起小脚，这"方块诗""豆腐干块"的命名即有矫枉过正的意思。卞之琳后来在追述徐志摩新诗写作历程时说："1926年北京《晨报》对于诗的形式问题讨论的消极一面的影响，也有点盲目追求以单音字数整齐为建行标准的不合乎现代汉语规律的错误要求，结果和许多人甚至闻一多自己的许多诗篇一样，造成'方块诗'的不良风气。这也在艺术上配合了徐志摩自己诗创作的日趋枯窘，再没有早期的生气了。"

但无论如何，诗人们在认真地朝着更光亮的地方走。《诗镌》虽然停办了，被称作"新月派"的诗歌群体逐渐成形，他们的活动后来随新月社移到上海，一直继续。至于徐志摩个人，在《诗镌》上共发表《梅雪争春》《西伯利亚》《再休怪我的脸沉》《望月》《又一次试验》《半夜深巷琵琶》《在哀克刹脱教堂前》《大帅（战歌之一）》《人变兽（战歌之二）》《偶然》等，可以看见他在形式上的努力和锻炼。语言爽利的如《偶然》，诗里的情绪是离愁，又仿佛无喜无悲，"你记得也好，最好你忘掉"，有徐志摩诗里少有的朴素。其实，他若把天才的灵感内敛成简洁的诗行，往往都是称得上好的。因此，《人变兽》里的"抹下西山黄昏的一天紫"，相形之下，刀斧的痕迹就重了些，这许是格律体的理论对他创作的影响。从办《诗镌》起，他越来越自觉于诗人这个职业，但他终将继续走自己的路。

由于办《诗镌》而结识闻一多、朱湘等人，对徐志摩最大的意义在于使他迸发了自我反思的强烈愿望。1926年6月，他的第一本散文集《落叶》由北新书局出版时，他对自己这部为赋新词强说愁模样的集子"不免踌躇"。他曾在以"落叶"为题的讲演中说：感情是力量，不是知识。这是他那时的信仰，也是决定他——一个依赖灵感写作的人成功的重要因素。更何况，能对自己3年前的文字保持警醒，说明了他的成长与自知，他在序言里说得诚恳：

> 我是个为学一无所成的人，偶尔弄弄笔头也只是随兴，哪够得上说思想？就这书的内容说，除了第一篇《落叶》反映前年秋天一个异常的心境，多少有点分量，或许还值得留，此外那几篇都不能算是满意的文章，不是质地太杂，就是笔法太乱或是太松，尤其是《话》与《青年运动》两篇，那简直是太"年轻"了，思想是不经爬梳的，字句是不经洗炼的，就比是

> 小孩挪木片瓦块放在一堆，却要人相信那是一座皇宫——且不说高明的读者，就我这回自己校看的时候，也不免替那位大胆厚颜的“作者”捏一大把冷汗！
>
> 我虽则未尝不想学好，但天生这不受羁绊的性情，一方在人事上未能绝俗，一方在学业上又不曾受过站得住的训练，结果只能这“狄来当”式的东拉西凑；近来益发感觉到活力的单薄与意识的虚浮，比如阶砌间的一凹止水，暗涩涩的时刻有枯竭的恐怖，哪还敢存什么“源远流长”的妄想？

怀着此番感慨的徐志摩决定多做些实在的文化事务。告别《诗镌》一周后，在《晨报副刊》上新辟专栏《剧刊》。当时，一年前从哥伦比亚大学攻读西洋戏剧文学与剧场艺术的余上沅，正同闻一多、赵太侔、张禹九（张幼仪八弟）一起将已关闭的美术专科学校复活，改名北京艺术专门学校，增设音乐系、戏剧系，并计划办一个小剧院，为推进中国戏剧的艺术化、专门化摇旗呐喊。他们需要一个宣传的园地。与《诗镌》相比，这回徐志摩越发像搭台予人唱戏的模样。徐志摩个人对戏剧的舞台实践或理论都谈不上什么见解，但有某种源自内心的喜爱，他视之为一件极风雅的事。早年在伦敦，他是深切感受过话剧、歌剧作为艺术品欣赏与谈论的严肃而隆重的气氛的。因此，这次办《剧刊》，他首先在戏剧是“艺术的艺术”这点上同余上沅、赵太侔等人颇有共识，于是办《剧刊》的初衷就近于新月社创建时的预期：为中国新兴的戏剧之名。他做主持人的热心依然，又有一批在戏剧理论、创作、导演上有专长的朋友著文写稿，《剧刊》着实热闹了一阵。它提倡的国剧运动主旨在于焕发“写意派”中国戏曲的生命力，其中的“国剧”是指“西化的中国戏剧”，可追溯到余上沅、闻一多、熊佛西、林徽因、梁思成、梁实秋在美留学期间成立的“中华戏剧改进社”，并吸收新月社成员参加。他们曾自编自演过英文剧《此恨绵绵》（又名《杨贵妃》）、《琵琶记》，国剧运动的倡议就是那时酝酿的。《剧刊》中发表的关于国剧运动的文章后来由余上沅选取23篇结集出版为《国剧运动》一书，但这次“运动”的影响终究寥落。

从1926年6月17日到9月23日止，《剧刊》共出了15期，发表文章的内容涉及剧论、戏剧史、戏剧评论、外国剧作介绍等，在确立戏剧艺术的地位、探讨戏剧理论、强调舞台实践、呼唤社会支持等方面，为中国早期戏剧发展尽了心力。徐志摩除了执笔写了发刊词，就再没有专业的论文露面，他确实只有热心罢了。而热心也在9月底彻底转了向，他已无心在《剧刊》“认真地做些事了”，甚至连结束词都耐不下心来写完，余下半篇丢给了余上沅。剧刊诸同人对此甚为谅解，余上沅在后半篇《剧刊终期》的开头便写道：“志摩已经找着了一条生路，碰上这天上地下都圆圆的清夜，不免痛饮到了陶醉。”

陶醉的徐志摩是结婚去也。在他接编《晨报》不久，陆小曼离了婚赶回北京来投奔他，他也终于可以放手规划自己的幸福。婚礼的安排全然合于他的方式，选在七夕节订婚，孔诞日结婚，然后燕尔做伴还乡。他自信寻着了一条生路，但意料不到路又一次拐了弯！

第七章　南舣北驾到白头

从1926年开始，生活的调子变了，成了复调式的，却不怎么和谐。

和陆小曼结婚，徐志摩期待一个正常的生活状态，就像他父亲说的，像你这样年纪，身边女人是应得有一个的。他还试着一家四口合住，但终于不能长久；他要第一次独自承担家庭的经济责任，这迫使他为养家奔波于京沪两地之间；他不愿陆小曼沉溺于十里洋场，但自己在北平却仍醉心于新月社的聚会和林徽因、梁思成家客厅的清谈。总之，婚后的生活陷于出乎意料的紧张与零落，幸福仿佛仍是不可能的。

第一个不和谐的调子来自徐家。徐申如从一开始就不赞成儿子同一个日日出入社交界的有夫之妇接近，即便眼下陆小曼已然离婚，可京沪两地的社交界、文化界对徐志摩和她的交往一直不予谅解且苛责不绝，徐申如当然耿耿于怀。而身在北京的徐志摩极希望父亲接受他再婚的打算，他不是一个执意要摆出特立独行姿态的人，因此他竭力争取父亲的谅解。他请“福叔”蒋百里出面跟父亲沟通，又拜托胡适专门到硖石做说客，徐申如不愿驳胡适的面子，再婚一事便有了周旋的余地。通过胡适的斡旋，他要知道父亲接受他与陆小曼结婚的条件，要一个被家族默许的与张幼仪的离婚声明，还要父亲来北京一趟以示父子成见已消。

徐申如没有去北京，而是决定分家，他将名下的家产开作三份：老辈自留一份，张幼仪和徐积锴得一份，徐志摩、陆小曼得一份。接着又将一直在德国求学的张幼仪请回国，他要听听张幼仪对此事的意见，无论是认作儿媳还是干女儿，徐家都对张幼仪和孙子徐积锴看得很重。张幼仪除了认可已与徐志摩离婚的事实，自然不会有更多表示。据说徐申如对儿子再婚提出三个条件：第一，婚费自筹；第二，必须梁启超证婚；第三，结婚后陆小曼必须南下，与翁姑同居硖石。

至此，徐志摩与陆小曼的婚事几无阻碍，至少矛盾被暂时压抑下去。对于徐志摩定在农历七夕的婚期，徐申如认为夏季不便去北京，原定的结婚仪式改称订婚，由徐志摩自己操办。1926年8月14日，七夕那天，徐志摩和陆小曼在北海举办订婚仪式，参加者有杨振声、丁西林、任叔永、陈衡哲、陈西滢、叶公超、梁实秋等百余人，但因为婚费拮据，仪式简单，仅备茶点。

第二个不和谐的调子出在婚礼的证婚人选上。徐申如要徐志摩答应，在结婚仪式上由梁启超证婚，这倒并非做父亲的故意为难儿子，而是希望借梁氏的支持姿态为儿子缓解外界流言的压力，苦心可见。的确，论说话的分量与师生的情分，实在找不出比梁启超更适合的证婚人选。但此事颇不易，即便是自始至终对徐、陆两人一直抱有体谅的胡适，也对此甚感为难。舆论有强大的裹挟力，因此胡适惯于将个人生活经营得比较低调，不曾为任何一个红颜知己而闹到离婚、再婚，可见他的分寸拿捏。他能体谅徐志摩与陆小曼的真情，却不意料两人如此执着于这段感情，终成眷属。叶公超曾回忆胡适好几次谈起陆小曼的事，当然没有说不配，但是觉得徐志摩不应该这样放任自己去追求陆小曼。因此，他并不希望因证婚而成为徐、陆情事中的一个焦点人物，置身于舆论中心。江冬秀当时关于此事对他的责难很能表现胡适的两难境地，而胡适的尴尬也正反映徐、陆两人的孤立。叶公超在回忆徐志摩时曾详细记述江冬秀的愤慨：

> 有一天在适之家，胡太太又当着面骂胡适之，骂我们新月的这些人，用很粗的话骂，我们都不说话。胡太太说："你们都会写文章，我不会写文章，有一天我要把你们这些人的真实面目写出来，你们都是两个面目的人。"刚好讲这话的时候，胡适之从楼上走下来，他说："你又在乱说了。"胡太太说："有人听我乱说我就说。你还不是一天到晚乱说。大家看胡适之怎么样怎么样，我是看你一文不值……"为了徐志摩和陆小曼的事，胡太

太一天到晚骂胡适之，她倒是看事实看得很真实的女人。后来胡适之跟我讲："这几个月之内我们没办法，像我太太这种人，我只能跟她同桌子吃饭，别的话我不能讲，她这个脑筋跟我们都不同。"

这番描绘是可信的，因为胡适在7月26日离开北京转道莫斯科赴欧洲的路上致江冬秀的信中，也言辞恳切地请她不要过问此事："你自己也许不知道我临走那时的难过，为了我替志摩小曼做媒的事，你已经吵了几回了。你为什么到我临走的下半天还要教训我？还要当着慰慈、孟禄的面给我不好过？你当了他们的面说：我要做这媒，我到了结婚的台上，你拖都要把我拖下来。我听了这话，只装没有听见……但我心里很不好过。……志摩他们的事，你不要过问。……有些事你很明白，有些事你决不会明白。……少年男女的事你无论怎样都不会完全谅解。这些事，你最好不管。"胡适最终没有在徐陆两人的订婚、结婚仪式上出现。7月17日，他离京转道莫斯科去伦敦参加"中英庚款委员会"的全体委员会议去了。动身前，他和张彭春力邀梁启超出面。

10月3日，上半年刚做完右肾切除手术的梁启超终于出席徐志摩与陆小曼的婚礼，但他的证婚词却是在场所有人都不曾意料到的。梁启超在婚礼第二天写给子女的信中，这样记述他证婚的始末："我昨天做了一件极不愿意做之事，去替徐志摩证婚。他的新妇是王受庆夫人，与志摩恋爱上，才和受庆离婚，实在是不道德之极。我屡次告诫志摩而无效，胡适之、张彭春苦苦为他说情，到底以姑息志摩之故，卒徇其请。我在礼堂演说一篇训词，大大教训一番，新人与满堂宾客无不失色，此恐是中外古今所未闻之婚礼矣。"

而关于婚礼程序及梁启超那篇震动四座的证婚词，张慰慈也在婚礼第二天致胡适信中详细叙述如下：

昨日是志摩与小曼的结婚日子，客人甚多，总有二百余人。证婚人是任公，媒人与婚书都废除。结婚礼节只是新郎与新娘交换一块汉玉。梁先生模仿西洋牧师的方式做他的证人。他起首就说："徐志摩，你是自己愿意，并且又得到父母之命，与陆小曼结婚吗？"对于小曼也同样的问一句。

等他们二人点首后，他接下去说："很好，我可以替你们做证人。"此外，梁先生还有一个很利害的训词。他说："徐志摩，陆小曼，你们是曾经经过风波的人，社会上对于你们有种种的误会，种种的不满意，你们此后总得要想法解除这种误会。爱情当然是人情，不过也只是人情中之一，除了爱情以外，人情还有许许多多的种类，你们也不得不注意。"末了，他还说几句极利害的话。他说："徐志摩，你是一个天资极高的人，这几年来只因你生活上的不安，所以亲友师长对于你也能有相当的谅解。这次结婚以后，生活上总可以算是安了，你得要尽力做你应当做的事。陆小曼，你此后可不能再分他的心，阻碍他的工作。你是有一种极大的责任，至少对于我证婚人梁启超有一种责任。"这种教训是应该有的，不过老梁说话的神气未免太硬些，又加上他训词中间，说了好几十个"徐志摩，陆小曼"，听的人总觉得不大悦耳。好得志摩是满不在乎这种地方，小曼是更加糊涂，恐怕还没有听出他的意思。所以在场的人替他们难受，他们自己反而不觉得什么。不过昨天的 ceremony（婚礼）有了这样的几句话，倒觉得很 serious（严肃），非寻常那种做戏式的婚礼礼节可比。

勉为其难的梁启超没有选择冠冕的言辞走个皆大欢喜的过场，而是在如此喜庆、宾客盈门之时致这番严厉的训词，确是出于对徐志摩的爱护。梁实秋在评价这段证婚词时说："这些话骂得对，只有梁任公先生可以这样骂他，也只有徐志摩这样一个学生梁任公先生才肯骂。"至于梁启超此番证婚究竟在公众前、在舆论上给予徐志摩多少支持，则终究是有限的。而遵从内心，梁启超是极不赞同徐志摩离婚，更不认同他追求陆小曼并娶为妻室的。在他看来，徐志摩离婚是负了一个女人，结婚是将被一个女人所累，其深层原因是"品性上不曾经过严格的训练"。他在上面同一封信里写到后半部分时几乎痛心疾首：

今把训词稿子寄给你们一看：青年为感情冲动，不能节制，任意决破礼防的罗网，真是可痛，真是可怜。徐志摩这个人其实聪明，我爱他，不过此次看着他陷于灭顶，还想救他出来，我也有一番苦心，老朋友们对于

> 他这番举动无不深恶痛绝，我想他若从此见摈于社会，固然自作自受，无可怨恨，但觉得这个人太可惜了，或者竟弄到自杀。我又看着他找得这样一个人做伴侣，怕他将来痛苦更无限，所以对于那个人当头一棒，盼望他能有觉悟（但恐甚难），免得将来把志摩弄死，但恐不过是我极痴的婆心便了。……品性上不曾经过严格的训练，真是可怕，我因昨日的感触，专写这一封信给思成、徽音、思忠们看看。

事已至此，竟透出几分凄凉，尤其是陆小曼，她似乎比徐志摩更少有人同情。结婚第二天，徐志摩携陆小曼到清华园拜谢梁启超，梁仍未假以好颜色。此后，师生两人的关系渐疏。除了亲友，一些陌生人的言辞也很不留余地。早在1925年年底，徐志摩与陆小曼在北京会合不久，就有个叫余协中的读者将一篇议论婚姻制度的文章投寄到《晨报副刊》，要徐志摩特别注意这个问题，劝他提防新式婚姻制度下的危险性，说："世界上也有一种拆白式的女子，好与男子往还，可怜一般挨不过青春悲哀的青年男子们便以为淑女有心，遂不惜竭其拍马之能，百方求欢。却不知这种拆白式的女子，她们对自己终身大事问题并不十分重视；她们与男子交往的唯一目的，只是在骗取男子的金钱供她自己挥霍。""我们不妨问问自己的良心，我们自己是否愿意自己的姊妹妻女做失节的事，如其不愿，则'己所不欲，勿施于人'。"徐志摩起先把这稿子压在抽屉里一个多月，到1926年年初时才刊发出来。他在《按语》中回应道："余先生说什么'危险'，这我约略懂得，但我的答话却是——世上没有不带一些危险性的值得的经验。出娘胎来做人本身就是危险事业。就比是绝海里行舟，海是反正有波浪的，问题就在你把得稳把不稳。我们该注重的，按我说，不是跟海去商量要它减小它波浪的危险，我们该研究的是怎样才能练成功我们航海的本领。"可惜，他没有足够"锻炼航海本领"的时间，他没法最终证明他选择的是幸福，因此，也给他的崇拜者和厌恶者留下了几乎等量的发挥余地，使得他的形象总在理想者和轻薄郎这两个极端停驻。

但是，在当时的文化界，还是有少数人对徐志摩的婚恋予以同情。少年同窗的郁达夫在徐志摩去世五年后写的一篇回忆文章中说："志摩生前，最为人所误解，而实际也许是催他速死的最大原因之一的一重性格，是他的那股不顾一切，带有激烈的燃烧性的热情。这热情一经激发，便不管天高地厚，人死我亡，势非至于将全宇宙都烧成赤地不可。发而为诗，就成就了他的五光十色，灿烂迷人的七宝楼台，使他的名字永留在中国的新诗史上。以之处世，毛病就出来了；他的对人对物的一身热恋，就使他失欢于父母，得罪于社会，甚而至于还不得不遗诟于死后。他和小曼的一段浓情，在他的诗里，日记里，书简里，随处都可以看得出来；若在进步的社会里，有理解的社会里，这一种事情，岂不是千古美谈？忠厚柔艳如小曼，热烈诚挚若志摩，遇合在一道，自然要发放火花，烧成一片了，哪里还顾得到纲常伦教？更哪里还顾得到宗法家风？当这事情正在北京的交际社会里成话柄的时候，我就佩服志摩的纯真与小曼的勇敢，到了无以复加。记得有一次在来今雨轩吃饭的席上，曾有人问起我对这事的意见，我就学了《三剑客》影片的一句话回答他：'假使我马上要死的话，在我死的前头，我就只想做一篇伟大的史诗，来颂美志摩和小曼。'”这是全然的赞同乃至高歌的态度。

作为徐志摩情感生活起落的见证者，胡适将徐志摩对爱情的执着归结到他唯爱、唯美、唯自由的“单纯信仰”。他说：“他（徐志摩）的离婚和他的第二次结婚，是他一生最受社会严厉批评的两件事。……但我们知道这两件事的人，都能明白，至少在志摩的方面，这两件事最可以代表志摩的单纯理想的追求。他万分诚恳的相信那两件事都是他实现那‘美与爱与自由’的人生的正当步骤。这两件事的结果，在别人看来，似乎都不曾能够实现志摩的理想生活。”这话说得巧妙，有实情，也广为流传，却回避了徐志摩性情上的矛盾。但是梁实秋对这“美与爱与自由”做出的注解又稍嫌简单。他认为，爱、自由、美，所包括的东西太多，内涵太富，意义太复杂，所以也可说太隐晦太含糊，令人捉摸不定。徐志摩的单纯信仰，不是爱、自由、美三个理想，而是爱、自由、美三个条件混合在一起的一个理想，而这一个理想的实现方式便是对一个美妇人的追求。这并不意味徐志摩是个沉溺于诗、酒、妇人的颓废派，他不是个颓废的享受者。他喜欢享受，可是谁又不喜欢享受？他在实际生活上的享受是正常的，并不超越常规，完全符合他的身份。他于享受之外，还要求一点点什么，无以名之，名之为“理想”，那理想究竟是什么，能不能加以分析呢？徐志摩曾把自己一剖再剖，但始终没有剖析到他自己那样珍视的理想。我们客观地看，无所文饰，亦无所顾忌，徐志摩的理想实际即等于是与他所爱的一个美貌女子自由的结合。可以这么说，在梁实秋看来，徐志摩理解“生活”的含义显然不够宽广，不够实际。

周作人与徐志摩的往来只限于文人间的笔墨交往，约稿、投稿，也互赠些各自新出的书，甚至在“闲话”之争中打过文字官司。但在外界将徐志摩的婚恋牵扯到品德问题上时，他说了些理智而公允的话：“适之又说志摩是诚实的理想主义者，这个我也同意，而且觉得志摩因此更是可尊了。这个年头儿，别的什么都有，只是诚实却早已找不到，便是爪哇国里恐怕也不会有了吧，志摩却还保守着他天真烂漫的诚实，可以说是世所稀有的奇人了。……关于志摩的私德，适之有代为辩明的地方，我觉得这并不成什么问题。为爱惜私人名誉起见，辩明也可以说是朋友的义务，若是从艺术方面看去这似乎无关紧要。诗人文人这些人，虽然与专做好吃的包子的厨子，雕好看的石像的匠人，略有不同，但总之小德逾闲与否于其艺术没有多少关系，这是我想可以明言的。不过这也有例外，假如是文以载道派的艺术家，以教训指导我们大众自任，以先知哲人自任的，我们在同样谦恭地接受他的艺术以前，先要切实地检察他的生活，若是言行不符，那便是假先知，须得谨防上他的当。现今中国的先知有几个经得起这种检察的呢，这我可不得而知了。”这是一个旁观者的清明与宽容，既然徐志摩从来不求文以载道，从不存教训指导他人之心，那么“私德”可以存而不辩，这样的社会空气仿佛比徐志摩的美好理想更富理想且更美好。

吴宓也是同情者。他说郁达夫是“惺惺惜惺惺”，而他哭志摩便是哭自己。他以雪莱比徐志摩，也是自喻，更以白璧德信徒而谈恋爱。他引了自己献给雪莱的诗，叹的是三个人的婚恋遭际：

少读雪莱诗，一往心向慕。
理想入玄冥，热情生迷误。
淑世自辛勤，兼爱无新故。

解衣赠贫寒，离婚偕知遇。
至诚能感人，庸德或失度。
暴乱岂终极，风习仍闭锢。
到处炭投冰，徒令丹非素。
天马绝尘驰，驽骀惭跬步。

任性的吴宓在1929年前后也因苦恋毛彦文闹到与妻离婚而遭亲友诟病，可惜他对毛只是一厢情愿。于个人而言，吴宓认为妻、妾、情人并行不悖的想法实在不及徐陆感情的真诚可亲，更何况婚姻的成或不成实难以幸或不幸定论。只不过与梁启超、胡适等为徐志摩一发不可收拾的"热情"痛惜相比，吴宓由自身的多情来设想徐志摩的痴心也不失为另一种声音。他有段话说得明白："儒家说：君子当慎其所发。佛经云：寄语众生，慎勿造因（我的贤明仁慈的父亲，恒举此二语以训我）。然而人生在世（除非自杀寂灭），无时无刻不在造因。欲不造因，其曷能得？或善或恶，非彼即此。苦乐得真……有身即累。哀彼雪莱；哀彼志摩！"

生活不可预知，亦不能重演，如一本草稿簿而已。徐志摩的下一题是婚后养家。徐志摩在1926年9月19日的日记中写道："回家去没有别的希冀，除了清闲，译书来还债是第一件事，此外就想做到一个养字，在上养父母（精神的，不是物质的），与眉养我们的爱，自己养我的身与心。"又是一份美满的规划。他是在双十那天偕陆小曼南下回硖石的，因新屋尚未竣工，中途在上海的吴经熊家留住了近一个月，11月初回到硖石。新居是徐申如为儿子新婚建造的，位于硖石镇干河街中段。这座红砖与灰砖相间的西式两层小楼是海宁第一座洋房。徐志摩曾题"香巢"二字。楼后有露台，登台可眺望硖石的东西两山。楼内有电灯、浴室、冷热水管。一楼是厅堂、厢房、天井、后圃；二楼回廊上悬康有为题的"清远楼"匾，正房是徐家二老的卧室，客厅里是红木的中式家具，谓之"眉轩"，东侧是徐志摩与陆小曼的新房，房内是粉红色西式家具、铜床、壁炉摆设等。

这座中西陈设杂糅的洋楼并不聚人气。且不说徐志摩的父母，在硖石的乡邻眼里，徐志摩和陆小曼结婚，就是不经父母同意，自己乱来，“呒淘成”极了，根本算不得数的。两人回乡半个多月，徐申如就因为看不惯陆小曼的娇嗔，同夫人一起到北京投靠张幼仪，和孙子一道享天伦、图清静去了。行前，徐申如清楚陆小曼素来的排场用度，又亲见儿子对其宠爱，他留下话叫徐志摩自谋生计养家。12月中旬，孙传芳部队扰乱海宁，徐志摩向娘舅沈佐宸借了路费，乘船赴沪，以避战乱。他在旅店一住20多天，原计划日译3000字的工作量，即便有恒心，也是谋不到的了。他致信张幼仪说：

> 爸爸来，知道你们都好，尤其是欢进步得快，欣慰得很。你们那一小家虽是新组织，听来倒是热闹而且有精神，我们避难人听了十分羡慕。你的信收到，万分感谢你。幼仪，妈在你那里各事都舒适，比在家里还好些，真的，年内还不如晋京的好，一则路上不便，二则回来还不免时时提心吊胆。我们不瞒你说，早想回京，只是走不动，没有办法。我们在上海的生活是无可说的，第一是曼同母亲行后就病，直到今天还不见好，我也闷得慌，破客栈里困守着，还有什么生活可言。日内搬去宋春舫家，梅白格路六四三号，总可以舒泰些。
>
> 阿欢的字真有进步，他的自治力尤其可惊，我老子自愧不如也！

然而，陆小曼回到十里洋场，正是如鱼得水。她结识了江小鹣，这个留学法国、先学油画、后学雕塑的艺术家回国后，在上海发起了天马会，颇有法国沙龙的气象，陆小曼是常客，在那里，她和徐志摩一起认识了翁瑞午。

那是12月底，天马会在夏令配克戏院唱了两天大戏。第一天大轴是陆小曼的《贩马记》，第二天还有她的《玉堂春》。《玉堂春》的各角人选没有问题，《贩马记》却要现学，唐瑛唱不得，俞振飞又不得周转，众人便想到翁瑞午来救急。结果，大戏唱到第二天的《玉堂春·三堂会审》一出，陆小曼饰苏三，翁瑞午饰王金龙，江小鹣、徐志摩分饰蓝袍、红袍两角，四人齐登台，实在可观。但徐志摩并不快意于热闹光鲜的生活。他写道：“我想在冬至节独自到一个偏僻的教堂里去听几折圣诞的和歌，但我却穿上了臃肿的袍服上舞台去串演不自在的‘腐’戏，我想在霜浓月澹的冬夜独自写几行从性灵暖处来的诗句，但我却跟着人们到涂蜡的跳舞厅去艳羡仕女们发金光的鞋袜。”确实，离开硖石，他的生活开始陷于窘境。父母跟着张幼仪住在北京，他也决意不再厚着脸皮依赖父亲，却又一时没有“合脾胃”的事情做。经济不能独立，而不得不受些闲气。从内心讲，他最乐意硖石的生活。但眼下困居上海，又值年关，陆小曼连唱两天大戏，原本羸弱的身体又一病不起，他平生第一次在新年时感到颓丧莫名。

1927年元旦的日记里，他大呼：“给我勇气，给我力量，天！”这是刚过而立之年的徐志摩生命里急转直下的一个新年。自此，生活的色调里，灰色越来越沉重，徒然在光怪陆离的上海欲求“草青人远，一流冷涧”的境界。支撑不起新生活的他，想到向胡适讨办法。元旦刚过，他致信身在美国的胡适：

生命薄弱的时候，一封信都不易产出，愈是知心的朋友，信愈不易写。你走后，我那一天不想着你，何尝不愿意像慰慈那样勤写信，但是每回一提笔就觉着一种枯窘，生命、思想，那样都没有波动。在硖石的一个月，不错，总算享到了清闲寂静的幸福。但不幸这福气又是不久长的，小曼旧病又发作，还得扶病逃难，到上海来过最不健康的栈房生活，转眼已是二十天，曼还是不见好。……早几年我也不免有一点年轻人的夸大，但现在我看清楚些了，才、学、力，我是没有一样过人的，事业的世界我早已决心谢绝，我唯一的希望是能得到一种生活的状态，可以容我集中我有限的力量，在文字上做一点工作。好在小曼也不慕任何的浮容，她也只要我清闲度日，始终一个读书人。我怎么能不感谢上苍，假如我能达到我的志愿！

留在中国的话，第一种逼迫就是生活问题。我决不能长此厚颜倚赖我的父母。就为这经济不能独立，我们新近受了不少的闷气。转眼又到阴历年了，我到那里好？干什么好？曼是想回北京，她最舍不得她娘，但在北京教书是没有钱的，《晨副》我又不愿意去接手（你一定懂得我意思），生活费省是省，每月二百元总得有不是？另寻不相干的差事我又是不来的，所以回北京难。留在上海也不妥当，第一我不欢喜这地方，第二急切也没有合我脾胃的事情做。最好当然是在家乡耽着，家里新房子住得顶舒服的，

> 又可以承欢膝下，但我又怕我父母不能相谅，只当我是没出息，这老大还得靠着家，其实只要他们能懂得我，我倒十分愿意暂时在家里休养，也着实可以读书做工，且过几时等时局安靖些再想法活动。目下闷处上海，无聊到不可言状，曼又早晚常病，连个可与谈的朋友都难得有，硖石一时又回不去，你看多糟！

胡适也致信恩厚之，希望他能在经济上帮助徐志摩夫妇到英国或欧陆读书，一则盼望徐志摩在婚后能于事业、学业有所精进，二则也让两人能暂离舆论和喧嚣。恩厚之在随泰戈尔结束中国之行后，回到英国与一个美国富孀史特里夫人结了婚。夫妇俩在英国南部德温郡的托特尼斯买了达廷顿庄园（Dartington Hall），实践泰戈尔的农村建设计划。

但陆小曼显然无意出国，她对上海的生活很觉惬意，她不要做官太太，而向往这样自由声色的生活，上海很合适她，虽说病弱但精神总不知疲倦。而从徐志摩在新年的第二篇日记里依稀可辨认他的灰色心境："轻易希冀失望同是浅薄。""对不对像是分一个糖塔饼，永远分不净匀。""过去的日子只当得一堆灰，烧透的灰，字迹都见不出一个。我唯一的引诱是佛，它比我大得多，我怕它。"他的生活仿佛应该在别处，在硖石，或在外国。除去经济局促的原因外，对未来的不同希望恐怕是后来他和陆小曼渐生矛盾的根源之一。

另一个原因是翁瑞午的到来。从走进徐志摩和陆小曼的生活开始，翁瑞午一直是个积极的参与者，这种三个人相处的日子让很多旁观者摸不着头脑。这个翁瑞午是清光绪帝师翁同龢之孙，其父翁印若曾任桂林知府，家中书画收藏累箧盈橱，唱戏、作画、鉴赏古董，样样热心，并兼做房产生意，还有套推拿的绝活，一派遗少风范。自结识徐陆二人，便出入无间，但徐家二老目睹此番境况，气得几乎七窍生烟。他们是在年前随张幼仪回沪为母奔丧而一同南归的，在硖石过完年，正是北伐军进入浙江打击土豪劣绅的时候，干河街的新宅被移作国民党硖石区党部办公处，二老又搬来上海。此时，张幼仪已经在英租界的海格路上买下范园里的一处洋房，带着儿子生活。徐志摩也在法租界环龙路租了房子，一家四人同住。翁瑞午照旧谈笑风生，常与陆小曼一处看戏，在徐家自由进出。二老实在看不惯，回硖石住了一段时间，不久再回上海时，说要和孙儿共聚，就直接搬进范园与张幼仪母子同住，和儿子、媳妇的往来渐少。

张幼仪是极明理的人。她在股票市场赚了钱后，就在自家后面的空地上，另外给徐家二老盖了间房子，两栋房子后门对后门，相距几百码远，既各自进出，又常能走动。徐志摩夫妇则定期来探望，但两位老人始终无法与陆小曼和谐相处，也始终不能理解儿子的这次婚姻。倒是徐志摩和张幼仪常有往来。从1928年开始，张幼仪由于四哥张公权的关系出任上海女子商业储蓄银行的副总裁，同时，又和八弟张禹九、徐志摩等人合股在南京东路上开了家服装公司，取名"云裳"，专门为出入社交场合的女士定制高档礼服，曾热闹过一阵，后来几个助兴的朋友逐渐懈怠，"云裳"公司便寥落下去，倒辜负了这好名字。

不过，徐志摩是亲见张幼仪脱胎换骨成为"新女性"的，对于她的沉稳和干练，他后来一直深服于心。不知他是否想到过，张幼仪的沉稳是与生俱来的，而干练则是拜他所赐。她总是适时地给予徐家二老关切和照料，周全而得体。1931年徐志摩坠机身亡，张幼仪请八弟带徐积锴赶往济南出事地点，他俩是仅有的到济南护送徐志摩遗体的亲属。在徐志摩去世后，她独自抚养儿子成人。1949年迁居香港，徐积锴则在美国从事土木工程。1953年，张幼仪同邻居苏季子医师结婚。婚前曾分别写信给二哥张君劢和儿子，张君劢回信："兄不才，三十年来，对妹孀居守节，课子青灯，未克稍竭绵薄。今老矣，幸未先填沟壑，此名教事，兄安敢妄赞一词？妹慧人，希自决。"徐积锴回信更可感："母孀居守节，逾三十年，生我抚我，鞠我育我，劬劳之恩，昊天罔极。今幸粗有树立，且能自赡。诸孙长成，全出母训。……综母生平，殊少欢愉。母职已尽，母心宜慰，谁慰母氏？谁伴母氏？母如得人，儿请父事。"张幼仪说，每个读到徐积锴这封信的人都说，言辞间看得出他是徐志摩的儿子。在20世纪70年代，梁实秋编辑《徐志摩全集》时，张幼仪提供了很多信件，徐积锴在美国图书馆找到原版徐志摩著作复印寄台，为第一套较为完整的《徐志摩全集》出版积极奔走。1983年，张幼仪在侄孙女张邦梅的热切恳请下，回忆了她和徐志摩的离合故事，遂有《小脚与西服》一书。张幼仪的讲述有时被张邦梅的女性主义思维所淹没，但正因如此，也给世人留下了一个民国初年的女子在婚恋、家庭、事业上经历蜕变与磨炼的历程。这叫人不由得感叹，思想的启蒙之于人命运的意义，有时并不比与生俱来的品格、性情与生活环境更关键。在《小脚与西服》的末尾，张邦梅这样叙述张幼仪对徐志摩的感情："我没办法说什么叫爱，我这辈子从没跟什么人说过'我爱你'。如果照顾徐志摩和他家人叫爱的话，那我大概爱他吧。在他一生当中遇到的几个女人里面，说不定我最爱他。"1988年1月21日，88岁的张幼仪在纽约去世。

再看徐志摩握在手里的爱情。

新月书店开张前的小半年是徐志摩闲极无聊的短暂时光，没有妥当的工作，经济倒还不致窘迫，更重要的是，他的心境也还算闲散。他仍寄望于以文学、以新诗为自己的事业。不过，这散漫的婚后生活把他的诗情吞了去，这怨不得陆小曼，是他自己意兴阑珊。经过颠沛流离考验的感情生活在获得功德圆满的结局之后，仿佛有些失重了，悬空的状态变得比沉痛和绝望更不堪承受。他常连着几天没全醒似的，脑筋里几乎完全没有活动，该做的事不做，也不放在心上，不着急，逛了一次西湖便好像呆了似的。想作诗，别说诗句，连诗意都没影；想写一篇短文，一样的难，差点连日记都不会写了，就连说话上也只选抵抗力量最小的道儿走。字是不经挑择的，句是没有法则的，更说不上什么章法。

这个在内心永远对新奇满怀冲动的人，是不习惯庸常、琐碎、乏力的生活的。若他的两脚不能永远在路上，那他的思想也必得要自由地飞，他总有到大自然或乡间去颐养身心的打算，也不厌其烦地劝说陆小曼、林徽因去山水秀丽之所养病，就是为了给思想腾出时空的间隙，一无羁绊地流动，唯有如此，生活才是常新的，灵感才有源头，心才能体验跃动之后的平静与畅快。

因此，他很不满意新婚生活中的空洞，甚至反诘自己是否只配生活在苦闷里才会有诗意迸发。在1927年4月20日的日记里，他这样写："难道一个诗人就配颠倒在苦恼中，一天逸豫了就不成吗？而况像我的生活何尝说得到逸豫？只是一样，绝对的苦与恼确是没有了的，现在我一不是攀登高山，二不是疾驰峻坂，我只是在平坦的道上安步徐行，这是我感闭塞的一个原因。"大半年来，他极少写诗，恐怕这《残春》是婚后写成的第一首：

昨天我瓶子里斜插着的桃花，
是朵朵媚笑在美人的腮边挂；
今儿它们全低了头，全变了相——
红的白的尸体倒悬在青条上。

窗外的风雨报告残春的运命，
表钟似的音响在黑夜里丁宁：
“你生命的瓶子里的鲜花也变
了样，艳丽的尸体，等你去收殓！”

其实最好的日子是徐志摩在《晨报副刊》任主编的时期，陆小曼从上海到北京和他团聚不久，不期而至的幸福让两人都万般珍惜重聚的时光。徐志摩写东西的时候，常喜欢陆小曼在书桌边捣乱，他说逗笑的时刻往往有绝妙的诗意不知不觉地驾临，他的《巴黎的鳞爪》《自剖》都是在陆小曼的又小又乱的书桌上出产的。但结了婚，这样的机会却很少。只有在1928年春的两个月里，两人合作创作五幕话剧《卞昆冈》。这是一个比较平面化的故事：丧妻多年的石匠卞昆冈极疼爱儿子，常望着儿子的大眼睛怀念亡妻，却又抵挡不住诱惑续娶了李七妹，不久李七妹与人偷情被卞昆冈的儿子发现，她先毒瞎了孩子，又失手掐死了他，唯唯诺诺的卞昆冈终于起了复仇的血性。全剧弥漫着象征主义的神秘气息，比如拉三弦的瞎子仿佛巫师似的一再预言凄惨的结局。

虽然剧本在角色定位、情节推进、语言设计上都有缺陷，但终究是两人唯一的合作。余上沅几乎是用“珠联璧合”的意味来作评介的：“志摩根本上是个诗人，这也在《卞昆冈》里处处流露出来的。……他的内助在故事及对话上的贡献，那是我个人知道的。志摩的北京话不能完全脱去硖石土腔，有时他自己也不否认；《卞昆冈》的对话之所以如此动人逼真，那不含糊的是小曼的贡献——尤其是剧中女人说的话。故事的大纲也是小曼的；如果在穿插呼应及其他在技术上有不妥当的地方，那得由志摩负责，因为我看见原稿，那是大部分志摩执笔的。两人合作一个剧本实在是不容易，谁都不敢冒着两人打架的危险。

像布孟（Beaumont）、弗雷琪（Fletcher）两人那样和气不是常有的事。诗人叶芝同格里各雷夫人合作剧本时是否曾经打架，我不得而知，不过我想用他们来比譬志摩、小曼的合作，而且我以为这个比譬再贴切没有的了。”

但更多的时候，徐志摩将文字作为“秀才人情”赠予陆小曼。结婚周年的时候，他把新出版的诗集《翡冷翠的一夜》献给小曼。的确，这集诗是两人感情经历的见证，徐志摩极珍视。他说：

> 秀才人情当然是见笑的……但这些不完全的诗句，原是不值半文钱，在我这穷酸，说也脸红，已算是这三年来唯一的积蓄。……我如其曾经有过一星星诗的本能，这几年都市的生活早就把它压死，这一年间我只淘成了一首诗，前途更是渺茫。……这一卷诗，大约是末一卷吧，我不能不郑重的献致给你，只当它是一件不稀奇的古董，一点不成品的纪念。

然而，陆小曼却多半不曾读过，这有时让他很生气。她懒散，不理家事，这些他或可熟视无睹；她常年病弱，一累即心痛晕厥，这些他或可怜惜；但在思想上，他是奉她为知己的，她对他文字的忽略使他泄气。最主要的，从最初写信给她开始，他就抱着改造她性情、提升她品格的期望，并且执着地把她拉进自己的理想，对她释放自己的能量。眼下，他看到的结果是，常年抱病的她只要稍稍感觉筋骨活络，便马上外出为演剧筹款、排戏、捧角，而他又要承受管弦节拍的喧闹。她还跟着翁瑞午一道抽大烟，缠绵病榻，吞云吐雾，日夜颠倒。

徐志摩的确被困住了。对于家不成家的情状，他束手无策。他怜惜陆小曼，觉得大烟或能缓解她身体的苦楚，他便由着她去；他又好面子，决意做护花的绅士。他在一封给蒋慰堂的信里述说他的生活境况：“几个月来真如度死，一无生气，一无著述。”他的压力还来自父亲的失望，在徐申如这个以新兴实业获取社会地位的乡绅看来，出几本书、编几份报纸杂志，怎么看都比不上买办有实利、官员有实权。看徐志摩只求舞文弄墨的样子，继承家业也指望不上这个独子了。因此，徐申如对儿子的失望溢于言表。但徐志摩从来不是纨绔子弟，在男儿当成就事业这点上他自小就认同父亲的灌输，只是走哪条道，通向怎样的成功，父子俩无法沟通。他憋着劲要在文学领域里做出一番事业，让父亲为他的成功感到欣慰，但事实却是，从1928年开始，谋生的压力越来越侵蚀他的文学理想。他要像走马灯一样在上海的光华大学、大夏大学、东吴大学兼课，还不得不花大量的精力做房地产中介以抽取佣金，甚至倒卖亦真亦假的文物古董，他动用了体内所有由父亲那里遗传来的经济头脑，竟然也不亦乐乎。只是“草青人远，一流冷涧”的日子求不到了，生命里一切消耗都只为了收支平衡。

他盼望着出国寻清静。元旦时，他给身在海外的胡适写信述说生活的困窘，希望能同陆小曼一起到国外生活。1928年3月，恩厚之寄了250英镑给徐志摩做旅费，邀游欧洲或印度，若先到印度，还可经越南、巴厘、爪哇等地游览，再到欧洲。徐志摩慨叹自己“在上海就好像是搁了浅”，又把他的感动溢了出来。他在给恩厚之的回信中说：“在这里暗无天日的环境下，从真情流露出来的举动，简直使人满怀感谢和惊喜而感动到目瞪口呆。在这多难的日子里，知道世界某一角落至少还有一位朋友在百忙中不遗在远，并且极力伸出支援之手，这对于受惠的当事人，是一件了不起的大事！”

在动身前，徐志摩热热闹闹做了三件事。一件是《卞昆冈》的上演。全剧由余上沅导演，毛剑佩饰李七妹，王泊生饰卞昆冈，顾宝莲饰阿明，萧英饰老敢，郑正秋饰瞎子。一件是给父亲拜寿。他专门请了上海的京剧名角袁汉云、袁美云姐妹同返硖石，一个唱须生，一个唱青衣、花旦，为贺徐申如57岁生日唱戏三天。第三件是搬家，从环龙路花园别墅11号迁至福煦路613号一栋沿马路的小楼。

6月中旬，徐志摩独自启程东渡日本，开始他的旅程。这次喜忧参半的行程有三个任务：暂别沪上俗务烦扰，到海外寻找创作灵感；到印度探望泰戈尔，到伦敦拜访各位老友，主要是恩厚之；顺道携带从亲朋（主要是翁瑞午）那里弄到的一些“古玩文物”出国变卖，赚一笔佣金。他一路提心吊胆，怕海关查，怕物件不得脱手，而且因走得匆忙，连他自己也说不上“古董”的历史底细。与他同行的是一个在银行界做事的叫王文伯的人，此人久经生意场，徐志摩颇倚重他的见识。总之，不堪想象扛着一大包铜器、汉玉，经日本、美国一路找熟人、碰运气、做介绍、抬价钱的徐志摩的样子。但在写给陆小曼的信里，他将一切说得轻松。他总说他的希望全在陆小曼身上，他自始至终盼望的是两人一起过以诗画为伴、各显所长的生活。他在往西雅图的海轮上写道："在船上是极好反省的机会。我愈想愈觉得我俩有赶快wake up（觉醒）的必要。上海这种疏松生活实在是要不得，我非得把你身体先治好，然后再定出一个规模来，另辟一个世界，做些旁人做不到的事业，也叫爸妈吐气。我也到年纪了，再不能做大少爷，马虎过日，近来感受种种的烦恼，这都是生活不上正轨的缘故。……一无事做是危险的，饱食暖衣无所用心，决不是好事。你这几个月身体如能见好，至少得赶紧认真学画和读些正书。"但8月初他离开纽约时，"文物"生意并不顺利，生于富商之家的徐志摩只是从同行的王文伯那里学得几招所谓的生意经。

抵达伦敦后，他先见到弗莱，久别重聚，使这个单身旅客倍感喜悦和安慰。随后便去了达廷顿庄园，他向恩厚之重提1924年泰戈尔打算在山西进行农村建设试验的事，尽管没有什么调查计划或经费预算，恩厚之仍然答应给予经济上的支持。徐志摩的预算方案是在离开达廷顿后的旅途中临时构想的，在给恩厚之的信中，他极简单地述说他的计划：11月回国后，他第一件要做的事是找1924年曾参与泰戈尔中国农村建设调查的张彭春、瞿世英和其他数人，在上海成立一个小组，然后到浙江及江苏两省的内地进行研究。他许诺将会了解实际情况，找出当地的需要，做出试验计划的方案，然后由恩厚之核准并作进一步的建议。他同时提出一个经济预算，请恩厚之寄钱。恩厚之让他在上海开个银行户头以便汇款，他回信说，初定汇款由上海中国通商银行总经理徐新六转。9月初，恩厚之给徐志摩回信，随函寄来100英镑，并告知，另有200英镑即汇上海的银行。9月中旬时，他到康沃尔拜访了罗素，又再次去了剑桥，仍未遇到狄更生，只好经杜伦、巴黎、马赛乘海船回程，一路用电报和狄更生联系，狄更生也一站一站地追，最后在马赛相见，两人依依惜别。

10月上旬，他到达印度，与泰戈尔重聚。印度的朋友为他举行了欢迎茶会，泰戈尔又邀请他到自任校长的印度国际大学作关于孔子的演讲，第二天去了泰戈尔创办的山迪尼基顿农村建设基地，在印度的3周里，他还观看了泰戈尔的钢笔画展，参观了各地佛教名胜。这样热闹的游程最合徐志摩的心意，他给恩厚之写信毫不吝啬他的赞美："从今以后，我能遥指英伦的达廷顿和印度的山迪尼基顿，这两个在地球上面积虽小，但精神力量极大的地方，是伟大的理想在进行不息，也是爱与光永远辉耀的所在。"或许他自己清楚，他所谓回国后的调查计划几乎没有践履的可能，他的回报唯有颂扬。后来的事实是，他有否在江浙两地调查不得而知，他在第二年的1月致信恩厚之说，江浙已跑过，因浙江人较为淳厚，多少仍保留着一点人性的美丽，遂决定将试验基地放在浙江。但到了3月，他告知恩厚之，因国内治安没有保障，绑票、抢劫蔓延，故农村建设基地难以实现，他自己也有身不由己之感。后来虽常与恩厚之书信往来，但农村建设基地一事再无下文。那些先期汇到的经费自然也不会返回英国的。

徐志摩在11月上旬结束最后一次为期5个月的环球旅行。归国的路上，创作的灵感终于光顾了他，11月初，他在新加坡停留数日，创作小说《"浓得化不开"（星加坡）》；在中国海上，他写就名篇《再别康桥》；经香港时，又创作《"浓得化不开"（香港）》。他宣布此次云游的感触是：心愿大偿，欢喜无量。

在上海的陆小曼并不想为了向世人证明自己的什么才能而克勤克俭度日。徐申如曾提出她可以回硖石住一段时间，直到徐志摩回国，当然初衷是为了给儿子减轻经济负担，但陆小曼终究不归，徐申如被驳了面子，此后再没同陆小曼开口说过话。陆小曼则照旧过着挥金如土的洋场生活。徐志摩在1929年7月底写过一首打油诗《活该》，个中仿佛有陆小曼的任性和乖张：

活该你早不来！
热情已变成死灰。

提什么已往？——
骷髅的磷光！

将来？——各走各的道，
长庚管不着"黄昏晓"。

爱是痴，恨也是傻；
谁点得清恒河的沙？

不论你梦有多么圆，
周围是黑暗没有边。

比是消散了的诗意，
趁早掩埋你的旧忆。

这苦脸也不用装，
到头儿总是个忘！

得！我就再亲你一口：
热热的！去，再不许停留。

在陆小曼看来，或许同徐志摩一起的日子既然还长，又何必顾虑年轻时短暂的风流，就好比徐志摩赚回来的钱，千金散尽还复来，她总这般大方出手，无论是对金钱，还是时间。这是陆小曼的做派，她终究是旧式的中国妇女，她的生命依靠仍然是指向他人的，她根本没有成一番事业、谋一片天地的期望。3年前，她拼尽全力与王赓离婚，与徐志摩结婚，的确是受到婚恋自由的启蒙，但她要的是一个爱她并养她的丈夫，仅此而已。这是她和徐志摩在人生观上最大的差异。徐志摩对女性的认知是全然的平等，他希望中国的妇女有独立谋生于社会的才华和能力，更期待身边的女性能从众多仍处于失语状态的群体中特立出来，表达自己的情感和见解。他敬爱这般的人，如张幼仪、林徽因、凌叔华等，并且盼望着陆小曼亦能如此。但他错了，他在1927年便意识到这个错误，但为什么他不选择再次离婚？梁锡华先生的解释颇简洁："他似乎怕再度丢脸，也惧社会舆论之压力，所以只好把战斗大纛收卷，不再求理想婚姻的实现了。”1929年，在陆小曼27岁生日前，徐志摩写过一首《我等候你》（又名《我看见你》），陈梦家认为这是他一生中最好的抒情诗：

我信我确然是痴；
但我不能转拨一支已然定向的舵，
万方的风息都不容许我犹豫——
我不能回头，运命驱策着我！
我也知道这多半是走向
毁灭的路；但
为了你，为了你，
我什么也都甘愿；
这不仅我的热情，
我的仅有的理性亦如此说。
痴！想磔碎一个生命的纤微
为要感动一个女人的心！
想博得的，能博得的，至多是
她的一滴泪，
她的一阵心酸，
竟许一半声漠然的冷笑；
但我也甘愿，即使
我粉身的消息传到
她的心里如同传给
一块顽石，她把我看作
一只地穴里的鼠，一条虫，
我还是甘愿！

徐志摩在上海的快乐几乎全赖于新月社每周六在胡适极斯菲尔路寓所的聚餐会。1928—1929年之际，他是真正一团和气使四座并欢的常客。但他从不谈文学，谈的都是吃、穿、玩，“他有时迟到，举座奄奄无生气，他一赶到，像一阵旋风卷来，横扫四座，又像是一把火炬把每个人的心都点燃，他有说，有笑，有表情，有动作，至不济也要在这个的肩上拍一下，那一个的脸上摸一把，不是腋下夹着一卷有趣的书报，便是袋里藏着一扎有趣的信札，传示四座，弄得大家都欢喜不置”。梁实秋回忆道。然而，自1929年初胡适离开上海回了北平后，新月社在上海的聚会冷落下来。到这年秋天，叶公超去了北京大学，梁实秋去了青岛大学，陈西滢则去了武汉大学，徐志摩仍然留在上海，却已是身兼三职，除了在上海光华大学担任教职外，还要坐火车到南京中央大学讲授“西洋诗歌”和“西洋名著”两门课程，舟车劳顿成了家常便饭。另外，刘海粟赴欧洲留学前曾替他联系了中华书局编辑一职，幸而没有工作量的要求，这份每月200元的收入倒是来得轻松。即便如此，他还是禁不住羡慕友人得以求学欧洲的机会，当然也忍不住要诉说自己的苦处。10月底他在写给刘海粟的信里说：“迩来生活之匆忙乏味已臻绝境。奔走宁沪间，忍受冷板凳生涯，睡眠缺少，口舌枯瘦，性灵一端，早经束诸高阁。”他总向往离开，尤望有远洋机会，以求吐故纳新。

生活的转机仿佛在1931年初到来了。出任北京大学文学院院长的胡适力邀徐志摩到北大英文系任教，两人一道做足了陆小曼的工作，但陆小曼仍执意不愿北上。不过，到北大教书的事终究可行，徐志摩几乎是迫不及待地奔向北平的。正值旧历新年，他回硖石给父母磕了头，拜了年，正月初三就启程北上。到北平后，他暂且住在胡适家，同时，由温源宁介绍，兼任北京女子大学教授，于是便辞去南京中央大学的教职，自此开始频繁往返于平沪两地。

这时，徐志摩在上海的寓所已搬到福煦路四明村一所老式石库门的洋房，双开间，前面是二层，后面三层，每月租金100元左右。楼下当中为客堂间，陈设简单，只作穿堂，边厢房为陆小曼父亲的卧室，二楼亭子间是陆老太太的房间。卧房在二楼厢房前间，后面的小间是陆小曼的吸烟室。二楼客堂间才是真正的会客室，也备烟榻，供客人使用。三楼是徐志摩的书房，墙壁上钉着些色彩斑斓的蝴蝶标本，还挂着一幅俞珊的《沙洛美》剧照，旁边还有一件俞珊的舞衣和小曼母亲年轻时的三寸绣花红菱。据同郁达夫一同探望过徐、陆二人的王映霞回忆，家里司机、厨师、男仆、女佣齐备，一家开销由陆小曼的母亲打理，她常为每月五六百元的用度觉得这家当得很局促。

而更使两个人的生活显得冷淡的是徐志摩长时间的离家。徐志摩在这幢洋房里进出的时间远没有翁瑞午多。陆小曼说，只有那阿芙蓉能使她病弱的身心得到片刻的安抚，而徐志摩也下意识地认为，烟榻仿佛比戏台来得清静，于是，他放任她终日吞云吐雾。好友何兆武的女儿何灵琰（即《眉轩琐语》里的琬子）幼年曾因头痛病到徐志摩家住过一段时间，在她的记忆里，整个房子里都阴沉沉地垂着深色的窗帘，只到晚上点灯以后才有了生气。在这个孩子眼里，回到上海的徐志摩很安静，不太高谈阔论，而陆小曼终日以夜为昼，不到下午五六点钟不起身，不到天亮不睡。平时陆小曼吸烟，徐志摩只有窝在她背后打盹儿，早起想早一点吃饭，叫用人准备，用人总说："小姐没有起来，等她起来一块儿吃吧。"在这个家，他仿佛只是一位不太重要的客人。

徐志摩极希望和陆小曼一起定居北平，他渴望的是日常的家居生活，而不再是浪漫和热情。他说："靠着在月光中泛滥的白石栏杆，散披着一头金黄的发丝，在夜莺的歌声中吸呼情致的缠绵，固然是好玩，但戴上老棉帽披着睡衣看尊夫人忙着招呼小儿女的鞋袜同时得照顾你的早餐的冷热，也未始没有一种可寻味的幽默。"但陆小曼要的显然不是这种生活。

两人的关系在徐母病危、去世期间几乎陷入僵局。1931年3月19日，他致信妻子劝她到北平，这是他到北平后所写的最长的一封家书，尽述婚后生活的诸多隐忍、苦闷与期待，句句踏实，没有浮言：

爱眉亲亲：

今天星四，本是功课最忙的一天，从早起直到五时半才完，又有莎菲茶会，接着Swan请吃饭，回来已十一时半，真累。……你能明白我的苦衷，放我北来，不为浮言所惑；亦使我对你益加敬爱。但你来信总似不肯舍去南方。……你的困难，由我看来决不在尊长方面，而完全是在积习方面。积重难返，恋土情重是真的。（说起报载法界已开始搜烟，那不是玩！万一闹出笑话来，如何是好？这真是仔细打点的时机了。）我对你的爱，只有你自己最知道，前三年你初沾上习的时候，我心里不知有几百个早晚，像有蟹在横爬，不提多么难受。但因你身体太坏，竟连话都不能说。我又是好面子，要做西式绅士的。所以至多只是短时间绷长着一个脸，一切都郁在心里。如果不是我身体茁壮，我一定早得神经衰弱。我决意去外国时，是我最难受的表示。但那时万一希冀是你能明白我的苦衷，提起勇气做人。我那时寄回的二百封信，确是心血的结晶，也是漫游的成绩。但在我归时，依然是照旧未改；并且招恋了不少浮言。我亦未尝不私自难受，但实因爱你过深，不惜处处顺你从着你，也怪我自己意志不强，不能在不良的环境中挣出独立精神来。在这最近两年，多因循复因循，我可说是完全同化了，但这终究不是道理！因为我是我，不是洋场人物。于我固然有损，于你亦无是处。……你实在是过于执一不化，就算你这一次迁就，到北方来游玩一趟；不合意时尽可回去。难道这种面子都没有了吗？我们这对夫妻，说来也真是特别；一方面说，你我彼此相互的受苦和牺牲，不能说是不大，很少夫妇有我们这样的脚跟。但另一方面说，既然如此相爱，何以又一再舍得相离？你是大方，固然不错，但事情总也有个常理。前几年，想起真可笑。我是个痴子，你素来知道的。你真的不知道我曾经怎样渴望和你两人并肩散一次步，或同出去吃一餐饭，或同看一次电影，也叫别人看了羡慕。但说也奇怪，我守了几年，竟然守不着一单个的机会。你没有一天不是engaged（有约会）的，我们从没有privacy（私生活）过。到最近，我已然部分麻木，也不想望那种世俗幸福。……这些且不说它，目前的问题：第一还是你的身体。你说我在家，你的身体不易见好，现在我不在家了，不正是你加倍养息的机会？所以你爱我，第一就咬紧牙根，养好身体；其次想法子脱离习惯，再来开始我们美满的结婚幸福。我只要好好下去，做上三两年工，在社会上不怕没有地位，不怕没有高尚的名誉。虽则不敢担保有钱，但饱暖以及适度的舒服总可以有。……要知道我在这里确有些做苦工的情形。为的无非是名气，为的是有荣誉的地位，为的是要得朋友们的敬爱，方便尤在你。我是本有颇高地位，用不着从平地筑起，江山不难取得，何不勇猛向前？现在我需要我缺少的只是你的帮助与根据于真爱的合作。眉眉！大好的机会为你我开着，再不可错过了。时候已不早（二时半），明日七时半即须起身。我写得手也成冰，脚也成冰。一颗心无非为你，聪明可爱的眉眉，你能不为我想想吗？

北大经过适之再三去说，已领得三百元，昨交兴业汇沪交账。女大无望，须到下月十日左右再能领钱，我又豁边了，怎好？南京日内或有钱，如到，来函提及。

祝你安好，孩子！上沅想已到，一百元当已交到。陈图南不日去申，要甚东西，来函告知。

你的摩摩

三月十九日星四

接信的陆小曼答应调养体质，眼界心胸放开阔些，并愿与徐志摩共勉进步，在绘画上培养功力。但是，一个多月后，徐母在硖石病逝，徐申如急电招张幼仪去料理丧事，却不准陆小曼去奔丧，并表示陆来他即走。这一来，徐志摩在亲友间陷入极为尴尬的境地。他不得不站到陆小曼一边，为她，更为自己争取颜面。他顶撞了父亲，说了伤父子情谊的重话，父亲一怒而到母亲的灵前放声大哭。亲友们进来也劝不住，好容易上床歇息，徐申如仍唉声叹气地不睡。徐志摩也气极了，脸色极难看，除非别人叫他，不然就不说话，父子俩冷战了好几天。他在4月27日给陆小曼的信中说："这份家，我已一无依恋。"至于如何化解家庭的矛盾，他照例束手无策。陆小曼最终还是参加了丧礼，张幼仪则以干女儿的身份在场。

徐申如坚决不认陆小曼作徐家媳妇的姿态，让她越发沉溺于上海挥霍无度的生活。夏天的时候，有报章传言徐陆已失和，徐志摩不得不致信《上海画报》的钱芥尘澄清事实，他说："我们老都老了，小曼常说，为什么人家偏爱造你我的谣言？事实是我们不但从来未失和，并且连贵报所谓'龃龉'都从来没有知道过。"说这番话的徐志摩越发辗转于地产中介的行当，奔波于平沪之间，1931年春夏的半年内竟往返8次之多。为节省时间，他搭乘小飞机来回。他一直想飞，"超脱一切，笼盖一切，扫荡一切，吞吐一切"。而这时，他背负的却是如此一个飞的理由。

只有在新月社的朋友那里，徐志摩才能短暂地恢复往日的快活。来到北平后，他成了梁思成、林徽因家的常客。林徽因1928年3月与梁思成在加拿大结婚，8月回国。1929年在东北大学建筑系任教，1929年7月生下女儿梁在冰后，肺病加重。1930年秋天，徐志摩特意到沈阳探望，见医疗条件太差，气候也不适宜，便劝梁、林回北平住一段时日。于是，他在北平多了一处落脚点，林徽因也从此时正式开始她的文学创作，并成为后期新月社的成员。林徽因的第一组诗发表在徐志摩刚创刊不久的《诗镌》第二期上，以“尺棰”为笔名，有《那一晚》《谁爱这不息的变幻》《仍然》三首。那花香水影的诗风有明显的徐志摩诗艺的印记。

这是1931年春，林徽因到香山的双清别墅养病，梁思成远在东北，徐志摩、张歆海、张奚若等一班朋友时常相约上山陪她闲游。此时的徐志摩，只有在林徽因面前才静心地谈论文学。可外界还是浮言四起，传到陆小曼那里引起了她的不快，胡闹起来，她说要烧了徐志摩在1923年底回国初为林徽因写下的“雪池时代日记”。

其实，徐志摩实在已无所求，他只是个沙龙里的客人而已，他是林徽因的朋友，也是她全家的朋友。他在最后的这个夏天里写了一首诗，送给上香山避暑养病的林徽因，金岳霖看了说这是他最好的诗之一，当然未必，但这首《你去》一直放在林徽因家的书箧里：

你去，我也走，我们在此分手；
你上那一条大路，你放心走，
你看那街灯一直亮到天边，
你只消跟从这光明的直线！
你先走，我站在此地望着你，
放轻些脚步，别教灰土扬起，
我要认清你的远去的身影，
直到距离使我认你不分明。

再不然我就叫响你的名字，
不断的提醒你有我在这里，
为消解荒街与深晚的荒凉，
目送你归去……
不，我自有主张，
你不必为我忧虑；你走大路，
我进这条小巷。你看那棵树，
高抵着天，我走到那边转弯，
再过去是一片荒野的凌乱；
有深潭，有浅洼，半亮着止水，
在夜芒中像是纷披的眼泪；
有石块，有钩刺胫踝的蔓草，
在期待过路人疏神时绊倒，
但你不必焦心，我有的是胆，
凶险的途程不能使我心寒。
等你走远了，我就大步向前，
这荒野有的是夜露的清鲜；
也不愁愁云深裹，但须风动，
云海里便波涌星斗的流汞；
更何况永远照彻我的心底，
有那颗不夜的明珠，我爱你！

他决不会期待林徽因会在1931年再走进他越来越灰色的生活，他将对林徽因的情谊内化为深沉的感念，这是他一生中少有的做得沉稳又妥帖的事。也正因如此，林徽因在1931年后的许多思念的日子里，感叹自己没有徐志摩“那美丽的诗意的信仰”。对死去的徐志摩，她的思念是一个朋友的思念。在给胡适的一封信中，她写道：“这几天思念他得很，但是他如果活着，恐怕我待他仍不能改的。事实上太不可能。也许那就是我不够爱他的缘故，也就是我爱我现在的家庭在一切之上的确证。志摩也承认过这话。”她写过《悼志摩》《纪念志摩去世四周年》等悼念文章，她可以说是最清楚徐志摩“在海滩上种花”的理想的人，她也想必清楚徐志摩最后一次搭机北上是为了赶上她在清华大学的演讲。尽管她必须固守“一个小朋友而已”的姿态，但是，相信她总归不失却“爱出者爱返，福往者福来”的希冀的。抗日战争时，她辗转于西南的穷山恶水，颠沛的生活夺走了她的健康。

1949年后，林徽因被聘为清华大学建筑系客座教授，参与设计国徽和人民英雄纪念碑的图案，同时被任命为北京市都市计划委员会委员兼工程师，同梁思成一道提出保留北京古城墙的设想，但城墙终被拆毁。1955年4月1日，林徽因病逝于同仁医院，终年51岁。不知道，在艰难的岁月里，林徽因有多少次忆起过她写在《悼志摩》中结尾的话：“这是什么人生？什么风涛？什么道路？志摩，你这最后的解脱未始不是幸福，不是聪明，我该当羡慕你才是。”

真该羡慕猝然离去的徐志摩吗？

10月29日，农历九月十九，是陆小曼的生日。这天徐志摩给她写信，这封信是《爱眉书信》里的最后一封。他祝她安康，再次劝她试着到北平住一时，他实在不堪分居之苦。然后他算起本月的债务：“你送兴业五百元是哪一天？请即告我。因为我二十以前共送六百元付账，银行二十三来信，尚欠四百元，连本月房租共欠五百有余。如果你那五百元是二十三以后，那便还好，否则我又该着急得不得了了！”接着劝陆小曼不能再养车，开销太大，又说帮孙大雨卖地皮，问翁瑞午能否牵线，事成各得二厘五的一半佣金。最后说如有不花钱的飞机坐，立即回沪与她相聚。生活的调子里，左推右挡的招架越来越多，赚钱总归不及花钱快，他说自己像黑夜里急奔的火车：

> 就凭那精窄的两道，算是轨，
> 驮着这份重，梦一般的累坠。

第八章 名字写在一团火中

与上海那间烟雾弥漫、意志消沉的住所相对的，是1927年到1931年间中国社会的动荡，北伐、东南五省联合自治、宁汉分流、清党、南昌起义……这一年，徐志摩一直在上海，南京、北平的友人如梁实秋、叶公超等不堪战乱的胁迫，纷纷蛰居沪上。而对于常作政论且与北洋政府素有来往的知识分子来说，执政党派及政府的更迭的影响就不仅仅是战乱颠沛而已了。比如胡适，1926年秋到伦敦参加庚子赔款咨询委员会会议，年底又赴美游历，1927年初他计划回国时，就有朋友写信建议他暂缓回国。他在归国途中停留日本3周，静观国内时局，年长他20岁的高梦旦致信说："时局混乱已极，国共与北方鼎足而三，兵祸党狱，几成恐怖世界，言论尤不能自由。吾兄性好发表意见，处此时势，甚易招忌，如在日本有讲授机会或可研究哲学史材料，少住数月，实为最好之事，尚望三思。"顾颉刚更是明确建议他归国后以不参加政治活动为宜，如果要参加，最好加入国民党，万勿回北京去，北京内阁中熟人甚多，不免被累及为"反革命"，还是"从此与梁启超、丁文江、汤尔和一班人断绝了罢"。

在徐志摩看来，现在的环境正是"暗无天日"。这是他给恩厚之的一封长信里说的话。在这封信里，他尽情地宣泄了自己对北伐的反感，因为他越来越强烈地感觉到，他的家族作为清末民初兴起的资产阶级，在北洋政府倒台之后，要想在国民政府中寻求新的倚靠是极困难的，毕竟一朝天子一朝臣，父亲徐申如在新兴的政治力量面前全然是"前朝人"了。

但到了1927年5月，国民党中央宣传委员会开会，竟有传言说胡适与徐志摩任职上海市宣传部。那是高梦旦在致胡适的一封信中提到的，他说："乡人之为海军政治部主任者，言有人主张请胡某为上海市宣传部主任，徐志摩为之副，业已决定，云云。"不过，两人年谱中都未有其就职的记载。

徐志摩不宜为官，因为在公共场合他好动，又太爱说话，说英国风味的俏皮话，他的才智有很大一部分以这种方式换取快乐。他没有写过一篇认真讲什么大道理的文学评论，但常不遗余力地介绍文化名人们的生活逸事。当时有不少人倾心于1921年获诺贝尔文学奖的法国作家法朗士，他那句"当一个人恋爱的日子已经结束，这个人大可不必活在世上"广为流传，徐志摩、陈西滢都曾很热心地介绍过他的作品和轶事，有一段时间几乎到了言必称法朗士的地步。徐志摩曾用"老麻雀"来形容法朗士喜好说话，说他一天叽叽喳喳停嘴的空儿很少；每天去看他的人几乎不断，他照例心里愈烦嘴里讲得愈起劲，换衣服也不停嘴。其实徐志摩在朋友中时，也是这个样子，他乐意俏皮地调侃、没遮拦地说话，他曾给张慰慈翻译凯恩斯（当时译作"开痕司"）的《论苏俄》写前言，临了也不忘轻巧地调笑一下原作者，博读者一笑："开痕司先生新娶一位有名的俄国舞女，因此我们可以猜想他可以得夫人的帮助间接看俄文书，虽则他自己没有到俄国去过。"

卞之琳回忆说，徐志摩讲普通话以至京白是能得其神的，虽然也总带江浙口音。语言的能力得益于他在早年就显现出的很强的模仿能力，而他的京腔帮助他找到现代汉语的音乐性，并在创作中灵活地运用。他有过一个段子，专逞口齿之快：

> 瓜子嗑了三十个，红纸包好藏在锦盒，叫丫鬟送与我那情哥哥。对他说：个个都是奴家亲口嗑，红的是胭脂，湿的是吐沫，都吃了，管保他的相思病儿全好却，管保他的相思病儿全好却。

文辞间的浓艳俏丽，让人不免误会他有一副玩世不恭的轻浮相，他却不以为意。

1927年6月，他的译作《赣第德》作为北新书局"欧美名家小说丛刊"之一出版，这是他在主编《晨报副刊》时陆续翻译并连载的。在前言中，他以特别的殷勤，又带着熟人般的调侃介绍伏尔泰，说这个法国人是18世纪最聪明、最博学、最放诞、最古怪、最擅讽刺、最会写文章、最有势力的一个怪物。读者不知道伏尔泰就好比读“二十四史”不看《史记》，不知道《赣第德》就好比读《史记》忘了看《项羽本纪》。他称这部传奇是一部西洋的《镜花缘》，又把这回的译稿说成为了赶每周六的副刊而临时抱的佛脚。翻译是天赋，也要靠常年的实践与积累。余光中曾把译者比喻为巫师，介乎神人之间，既要道天意，又得说人话，因而有“左右为巫难”之说。但徐志摩管不得这许多，他就是有“举重若轻”的特质，或许他不是有意卖弄，而确有承受这“轻”的天性。《赣第德》后来又有傅雷的法文原著译本，与这个1955年人民文学出版社的《老实人》相比，徐志摩由英文译本转译的本子有不少自由发挥的成分。例如第一回写赣第德与主人家的小姐恋爱的一段，傅雷的译文是：

居内贡把手帕掉在地下，老实人捡了起来；她无心的拿着他的手，年轻人无心的吻着少女的手，那种热情，那种温柔，那种风度，都有点异乎寻常。两人嘴巴碰上了，眼睛射出火焰，膝盖直打哆嗦，手往四下里乱动。

徐志摩的译文是：

句妮宫德的手帕子掉了地下去，赣第德捡了它起来，他不经意的把着了她的手，年轻人也不经意的亲了这位年青姑娘的手，他那亲法是特别的殷勤，十二分的活泼，百二十分的漂亮；他们的口合在一起了，他们的眼睛发亮了，他们的腿摇动了，他们的手迷路了。

傅雷在翻译方面的造诣与声名要高于徐志摩，从这两段文字看，徐志摩的译文中夹着碜石的土白，口语化很明显，调皮的风格倒把小说里反讽的语气更好地表现出来。1982年，施蛰存在重印徐志摩译《赣第德》的题记上也对两个译文作简单比较，他说傅雷的译本比较忠实，徐志摩的译本比较自由但易读。

在《赣第德》前言的末尾，徐志摩写下这么一句话：我再不能多说话，更不敢说大话，因为我想起书里潘葛洛斯（意思是全是废话）的命运。但警醒是一回事，改变就是另一回事，更何况这“废话”在他看来主要是指论学、论政或说朋友是非，至于日常朋友间的玩笑基本上是不在其中的。

有一天夜晚11点了，他乘兴去找梁实秋，只见门外的百叶长窗虚掩着，隐约有灯光，他想吓人一跳，突然把门拉开，却大叫一声，拔腿便跑，原来他看到一对不相识的年轻人从一只单人沙发上受惊跃起。徐志摩心头突突跳，信步走到附近另一个单身朋友家，他从后门闪入，径自登楼，一看寝室里黑幽幽，又想吓人一跳，顺手把门框上电灯开关一拧，不觉又失声大叫，原来床上不仅是一个人。这一惊非同小可，他踉跄下楼，一口气跑回家，乖乖地自己去睡了。事后他从未对外声张，只悄悄告诉了梁实秋，说以后再也不敢在黑夜闯进人家家里去。有时他也会祸从口出而落得轻薄的名声。暨南大学校长郑洪年就曾以“此君过于浪漫”为由拒绝给予他教职。

有一天徐志摩给梁实秋打去电话，没头没脑地大叫：“你干的好事，现在惹出祸事来了！”梁实秋莫名其妙：“你胡扯什么？”徐志摩说：“我且问你，有没有一个女生叫某某某的？”梁实秋回答有，徐志摩便道出来由：“现在黄警顽先生来信，要给你做媒。并且要我先探听你的口气。”这黄警顽先生是上海商务印书馆办理交际事务的专员，一团和气，交游广阔，三教九流无不熟稔，在上海滩有“交际博士”之称。有个女学生对梁实秋颇有好感，她的哥哥便托黄警顽先生代为作伐，请徐志摩代问意下如何。徐志摩收到这信便匆匆打了电话，梁实秋的回答是：“请你转告对方，在下现有一妻三子。”打完电话，徐志摩把黄警顽的信转给梁实秋，又写了便条一同送去。这便条写在三张粉红色的虎皮宣小笺上：

秋郎：

危险甚多，须要小心，原件具在，送奉察阅。非我谰言，我复函说，淑女枉自多情，使君既已有妇，相逢不早，千古同嗟。敬仰“交博”婉措回言，这是仰承你电话中的训示，不是咱家来煞风景。然而郎乎郎乎，其如娟何？微闻彼姝既已涉想成病，乃兄廉得其情，乃为周转问询，私冀乞灵于月老，借回枕上之离魂。然而郎乎郎乎，其如娟何！

志摩造孽

这“乞灵月老”“枕上离魂”一说，想是徐志摩逞口舌之快的擅自发挥，了解他性情脾气和说话风格的朋友自然一笑了之。但当1958年梁实秋把这封信发表出来时，还是有读者觉得徐志摩是个轻薄之人，并引此信为证，使得梁实秋再写一文述说原委，为去世多年的朋友澄清事实。

朋友是徐志摩的快乐之源，而他也是朋友们的快乐之源。他好动，闲不得。林语堂曾有传神的描绘：“志摩与余善，亦与人无不善，其说话爽，多出于狂叫暴跳之间，乍愁乍喜。愁则天崩地裂，喜则叱咤风云，自为天地自如。不但目之所及，且耳之所过，皆非真物之状，而志摩心中之所幻想之状而已。故此人尚游，疑神、疑鬼，尝闻黄莺惊跳起来，曰：‘此雪莱之夜莺也。’”在后期新月社里，精神领袖当属胡适，而最积极活跃于同人中间的还是徐志摩，尽管友人之间不免吵架，但从没人怨恨过他，谁也不能抵抗他的同情心，谁也不能避开他的黏着性、发酵性。他有无穷的同情，不会疑心，不会妒忌，总能成为朋友间的“连索”。梁实秋作于1958年的《谈徐志摩》中有很多中肯的评价，有一点他始终贯穿全文：“志摩有六朝人的潇洒，而无其怪诞。”

1927年6月胡适回到上海，租定极司菲尔路49号的一幢楼房，接来家眷定居沪上之后，此地就成了新月社南迁后的聚会地。当时，梁实秋已携新婚妻子从南京避乱沪上，同行的还有余上沅夫妇。从剑桥大学毕业归国不久的叶公超亦南下，到暨南大学任外文系主任兼图书馆馆长，梁实秋、丁西林、饶孟侃等人也先后到暨大任教，潘光旦、闻一多在吴淞国立政治大学任教，后期新月社的主要成员基本聚首上海。也就在6月，徐志摩、胡适、余上沅等办起了新月书店，徐志摩在1927年8月以后出版的诗集和散文集都经由这个书店打理。

新月书店的筹办从年初便开始了，先期运作的经费以入股形式募得资金2000元左右，大股100元、小股50元。胡适提出每人最多不得超过两股，意在民主经营。参加业务的股东有胡适、徐志摩、余上沅、丁西林、叶公超、潘光旦、刘英士、罗隆基、闻一多、饶孟侃、梁实秋、邵洵美、张禹九等。这也是后期新月社的主要成员。胡适为董事长，余上沅任经理，实际负责书店业务的是一位叫谢家崧的书业内行。6月30日的《申报》刊登《新月书店开张启事》："本店设在上海华龙路法国公园附近麦赛而蒂罗路一五九号，定于七月一号正式开张。略备茶点，欢迎各界参观，尚希贲临赐教为盼。"书局设在龙华路（今南昌路），总发行所设在四马路，编辑所设在麦赛而蒂罗路（今兴安路）。当年的新月社沙龙有布鲁姆斯伯里聚会的风味，而眼下的书店，有否受伍尔夫夫妇自办荷加斯出版社、帮助心仪的文学作品出版的启发呢？

新月书店很有生气，开业一年，出版的小说集有沈从文的《好管闲事的人》《阿丽思中国游记》《蜜柑》，凌叔华的《花之寺》，陈衡哲的《小雨点》，胡也频的《圣徒》和陈铨的长篇小说《天问》；论著有胡适的《白话文学史》，陈西滢的《西滢闲话》，梁实秋的《骂人的艺术》《浪漫的与古典的》《文学的纪律》，余上沅编的《国剧运动》，潘光旦的《人文生物学论丛》《小青之分析》《中国之家庭问题》；诗集有闻一多的《死水》等。

书店新开第二个月，徐志摩就有两部作品印行，一部是他与沈性仁合译的爱尔兰小说《玛丽玛丽》（*The Charwoman's Daughter*），这是4年前他回国后的第二个冬天在硖石东山的祠堂里独居时，一时兴起翻译的，但还没译完第九章就去了北京，再也没闲心继续便搁在一旁。后来拿到《晨报副刊》上连载，被正译完房龙《人类的故事》的沈性仁女士看到，说还不错，便接着译完。

另一部是徐志摩第二本散文集《巴黎的鳞爪》，封面由闻一多设计，纤手玉腿甚是艳丽。从序言里看，"鳞爪"一词，像是指陆小曼在他写作时小猫似的经常嬉闹，他乐意被搅扰，还说这是种灵感的激励，却有了一丝猩红的血痕。这是徐志摩比较重要的一部散文集，不仅收录了他关于拜伦、罗曼·罗兰、达·芬奇、济慈等人的评介文章，还有记录个人经历、体验和思考的《吸烟与文化》《我所知道的康桥》《天目山中笔记》等。他说自己"这一生的周折，大都寻得出感情的线索"，这些文字正好能让人辨认他的感情周折。《巴黎的鳞爪》另一个主题是徐志摩对于现状的焦虑，这在他后面一个集子《自剖》中有更明确的表达。他从1926年下半年结婚后不断希求清静，无论是日记、书信还是文章里，都透露出还居山林的渴望。此前，他只有1923年为祖母守孝时，在硖石东山祠堂清静地住过一个冬天，新婚的日子倒也在老家住了些时日，但终难气定神闲。他天生喜聚不喜散，婚后想多做些事，翻译、作文、写诗，哪样都要有个凝神静气的心境，偏生他的周遭扰攘——这怪不得陆小曼，他自己常抵挡不住沙龙的诱惑。于是他常怀念1922年秋和第二年春天在剑桥独处、诗情满溢的日子：

> 在初夏阳光渐暖时，你去买一支小船，划去桥边荫下躺着念你的书或是做你的梦，槐花香在水面上漂浮，鱼群的唼喋声在你的耳边挑逗。或是在初秋的黄昏，近着新月的寒光，望上流僻静处远去。爱热闹的少年们携着他们的女友，在船沿上支着双双的东洋彩纸灯，带着话匣子，船心里用软垫铺着，也开向无人迹处去享他们的野福——谁不爱听那水底翻的音乐在静定的河上描写梦意与春光！

但他又明白即便到山里寻清静，他也断不了尘缘与俗念。他在天目山看到居山僧人的生活，发现他们的眉宇身手间都是活鲜鲜肉身的痕迹，“分明是色的世界里逃来的一个囚犯”。在这篇文章的末尾，他提出一个疑问：何以这些中国僧人做不到“自我一切痕迹的解脱”，而更多的中国人更是接受西洋的人生观，“把这热虎虎的一个身子一个心放进生活里的轧床去，不叫他留存半点汗水回去；非到山穷水尽的时候，决不肯认输，退后，收下旗帜”。当年，他和泰戈尔满心欢喜地把印度和中国的传统精神混为一谈，而此时，当他意识到喧嚣难耐时，他才开始真正理会泰戈尔关于东方精神的呼吁原不是中国的传统。

《巴黎的鳞爪》里有一个“肉艳的巴黎”，却不势利，让他有足够回环的余地想念“九小时的萍水缘”：

> 我忘不了她。她是在人生的急流里转着的一张萍叶，我见着了它，掬在手里把玩了一晌，依旧交还给它的命运，任它漂流去——它以前的漂泊我不曾见来，它以后的漂泊，我也见不着，但就这曾经相识匆匆的恩

> 缘——实际上我与她相处不过九小时——已在我的心泥上印下踪迹，我如何能忘，在忆起时如何不感须臾的惆怅？

在那里，他的一个画家朋友告诉他，只要真懂艺术，即便衣衫褴褛，也照样能在巴黎的艺术沙龙上登堂入室，可中国人在这点上做得很糟：“穷人有穷人的势利，阔人有阔人的势利，半不阑珊的有半不阑珊的势利——那才是半开化，才是野蛮！”虽说吃不消肉艳的、容得下波西米亚风味的巴黎，但这“不势利”是精致的伦敦沙龙里所没有却更接近徐志摩本性的。他曾对西湖边的楼外楼翻造了三层楼带屋顶的洋式门面表示不满，说在湖中就望见楼上电扇的疾转，客人闹盈盈地挤着，堂倌穿了西崽的长袍，什么都变了面目，没了闲情逸趣，正是一种“势利”。而他，无论昆曲、京剧、歌剧、戏剧，只要原汁原味，他便倾心以对。他虽然骄气，在艺术趣味上却绝不势利。

生活上他亦有如此风度。他被有些人视为文坛富翁，在不少人眼里，夏天，他那一套小纺衫裤说出了他诗情的玲珑；冬季，他那一袭轻飘的狐氅象征了他文思的富丽。他终年都穿着做工考究的中装，那白白的鹅蛋脸上三十几岁的气色里，还能找出十八九岁少年的风韵潇洒。他与人认识10分钟就像20年老友，跑堂、司机、理发师，什么人都是朋友。回乡上坟，遇着个挑粪的，粪担搁在一边正歇脚，他便并肩坐过去，聊得热络，见远房的表姐路过，若无其事，眼睛一扬，笑容一放，香烟灰一掸，“上坟呢？那（你们）还弗曾上好？我拉（们）早上好哩”。他的自然而然倒弄得这个亲戚越发不可理解。因为热情，在朋友眼里，他好像是从来没有受过什么挫折和痛苦的人，永远充溢了蓬勃的生气和不败的兴致。

关于徐志摩的“雅量”，梁实秋还记述过这样一件小事。有一天徐志摩到霞飞路的梁家寓所玩，看到桌上有散乱的围棋残局，便要求对弈，徐落子飞快，撒豆成兵一般，下至中盘，大势已定，他便托故离席，不计胜负，这让梁实秋不能不佩服他的风度，他是绝不会煞风景的人。

性情见诸笔端。《巴黎的鳞爪》更重要的意义是徐志摩在这些文字里树立起了自己的文风——通透、亲热。梁实秋说没有比“亲热的”更好的形容词了，在他看来，徐志摩的散文不是板着面孔来写的，就好比他这人根本就很少有板面孔的时候。“他的散文里充满了同情和幽默。他的散文没有教训的气味，没有演讲的气味，而是像和知心的朋友谈话。无论谁，只要一读志摩的文章，就不知不觉地非站在他的朋友的地位上不可。他提起笔来，毫不矜持，把他心里的话真掏出来说，把他的读者当作顶亲近的人。他不怕得罪读者，他不怕说寒碜话，他不避免土话，他也不避免说大话，他更尽量地说笑话，总之，他写起文章来真是痛快淋漓，使得读者开不得口，只有点头，只有微笑，只有倾服的份。他在文章里永远不忘记他的读者，他一面说着话，一面和你商量，真跟好朋友说话一样，读志摩的文章的人，非成为他的朋友不可。”梁实秋说。苏雪林则称徐志摩的小品文为“感情的散文”，她说，读了志摩的文字，就好像亲自和志摩谈话一样，他的神情、意态、口吻，以及心灵的喜怒哀乐，种种变化，都活泼泼地呈现于读者眼前，透入读者耳中，沁入读者心底。换言之，就是他整个的人永远活在他文字里。曹聚仁在《文坛五十年》里有更简洁的评价：徐志摩的小品比俞平伯的更细腻轻灵，大有六朝脂粉风。

文章写得亲热、通透，不是一件容易的事，梁实秋甚至称其为“不能学到的艺术”。徐志摩常用第二人称代替第一人称的叙述，说话的渴望让他在文字之间用心，真心地把读者当亲近的人，他内心有一种充实的生命力等待宣泄和回应，因此，他希望读者用自己的心比拟他的心。这和他追求陆小曼时的心境是相通的，他的亲热有些逼人，于是有的人激赏，有的人冷观。

感情的文字也容易不受羁绊，随性写开去，跑野马一般。1919年在美国结识的杨振声将他的为人比作“无韵的诗”，这番话倒正合他散文“跑野马”的特点：“节奏他是没有，结构更讲不到，但那潇洒劲，直是秋空的一缕行云，任风的东西南北吹，反正他自己没有方向。他自如的在空中卷舒，让你看了有趣味就得，旁的目的他没有。”徐志摩自己也说做文章好比跑野马，一跑就是十万八千里，而且差不多没有一篇文章不跑。比如《落叶》描写日本地震，忽然拉扯到中国人的幸灾乐祸，又拉扯到人类患难时的同情及《圣经》的天地末日。《死城》是写在外国姑娘坟上，忽发一大篇飞蛾殉光的道理，又说到自己从前亲人的死。最明显的是他翻译《涡堤孩》第十六章时，竟跑了一两千字的野马，原书所无的“阿弥陀佛”“孔夫子”“贞节牌坊”“怒发冲冠”都拉扯上了。梁实秋说到徐志摩行文铺张时说：“文章里多生枝节原不是好事，但是有时那枝节本身来得妙，读者便全神倾注在那枝节上，不回到本题也不要紧。志摩的散文全是小品文的性质，不比是说理的论文，所以他的‘跑野马’的文笔不但不算毛病，反觉得可爱了。我以为志摩的散文优于他的诗的缘故，就是因为他在诗里为格局所限，不能‘跑野马’，以至不能痛快的显露他的才华。”这或许正合文如其人的道理，文章里有作者自己的风采和神韵。

他的作品集正紧锣密鼓地出版，1927年9月，他的第二部诗集《翡冷翠的一夜》面世。封面由江小鹣设计，图案是佛罗伦萨的维基奥大桥节景。诗集包括两辑，他写给陆小曼的情诗收在第一辑中，是他生活上一个大转折的留念；其他诗作及译诗则归到第二辑。图书广告上是这样介绍这本诗集的：“读了《志摩的诗》，我们还有什么可以要求这位作家的？一个人贡献了许多。一双手奠定了一个文坛的基础。我们真没有权利再要求徐志摩先生的贡献！但是第二次的贡献居然跟着赶来了，并且这一次，艺术还更纯熟，取材还更丰富。再加上这一次的作品，多是和陆小曼女士结婚前后的作品，情诗特别多，这又是第一集里寻不出的特点。”闻一多的评价是：“这比《志摩的诗》确乎进步了——一个绝大的进步。”这“进步”多半是指徐志摩诗艺的节制，但对于一个属才气横溢一路的诗人，字斟句酌未必就是个好现象。徐志摩自己就深感创作的艰难，他在序言中毫不掩饰苦闷：

> 我不是诗人，我自己一天明白似一天，更不须隐讳；狂妄的虚潮早经消退，余积的只一片粗确的不生产的砂田，在海天的荒凉中自艾。“志摩感情之浮，使他不能为诗人，思想之杂，使他不能为文人。”这是一个朋友给我的评语。煞风景，当然，但我的幽默不容我不承认他真的辣入骨髓的看透了我。煞风景，当然，但同时我却感到一种解放的快乐——
>
> 我不想成仙，蓬莱不是我的份；
>
> 我只要地面，情愿安分的做人。

他怀疑自己的诗才，早在1923年5月的一次题为“诗人与诗”的演讲中，他就曾断言：诗人是天生的，而非人为的，所以真的诗人极少极少，而诗人中最好的榜样是中国的李白和英国的雪莱。那时他有自信做中国的雪莱，不仅写出极好的诗，而且要让自己的生活成为一首更好的诗。可4年后的1927年，他靠着“幽默”把创作日益枯窘当作“一种解放的快乐”。当年南下追求陆小曼受到阻挠时，他泄了气，回到北京写下这句“蓬莱不是我的份”，眼下他真情愿安分地做人？不会，他血液里有一种向上的要求，在写给父亲的信中他说并不是没有力量做好文学这件事，但对自己的诗才他没有信心，这让他苦闷。

《翡冷翠的一夜》受到的批评也是严格的，尤其是被他视为同行者的朱湘对他毫不留情的批评，简直使他无所适从。朱湘认为，这本诗集中只有首篇《翡冷翠的一夜》尚属“水平线上的作品”，其他便一首疲弱过一首，直到压轴一首《罪与罚》，他看了简直要呕出来，说徐志摩未学到白朗宁的细密，倒承袭了复杂和啰唆。谈到用韵问题时，朱湘又讥刺道：“要作‘压根儿’的京兆土白诗在外国饭店的跳舞场上决作不起来，作硖石土白诗的地方也决不是花园别墅。”临了，他不客气地断言：“徐君没有汪静之的灵感，没有郭沫若的奔放，没有闻一多的幽玄，没有刘梦苇的清秀，徐君只有——借用徐君朋友批评徐君的话——浮浅。”朱湘的批评不是没有道理，徐志摩的诗绝大多数只是像格律诗，本没有一首经得起严格的格律分析。但朱湘也的确言辞过于严厉。好在徐志摩不以为意，还极为重视朱湘的点评，虽说见其虚心大度，但终究对批评意见缺少把握。他不自信，或说不能正确认知自己的能力，这对创作生涯是极为不利的。这在他后来大刀阔斧地删改《志摩的诗》时表现得更明显。

1928年1月，他的第三个散文集《自剖》出版，封面还是由江小鹣绘制，一个徐志摩的漫画头像被一分为二，加上二分的发型，圆边的镜框，狭长的面颊，宽下巴，甚是风趣。从内容上看，这个集子里的文章都显得有些压抑，就像他自己介绍的：看书如要热闹要“窝心”的不必看这部书；看书为要学得现成的学问为现成口号的不必过问它；看书为要照见读者自己丰腴可喜的俊脸的也不必揭它的篇页。它只是叫你不愉快，它是拉长的脸子，它是作者的一腔苦水。第一辑《自剖》是作者烦闷的呼声。第二辑《哀思》是他对于生死的感想。

第三辑《游俄》是他前两年经过俄国时的观察，这辑里至少末了一篇标题叫《血》的似乎值得"有心人"的一瞥。

这些文章几乎都是在北京时写的，其心路痕迹还依然清晰可见。刚接编《晨报副刊》时，他说要"迎上前去"，说"生命第一个消息是活动，第二个消息是搏斗，第三个消息是决定"，他要先给自己一个人生的意义，相信只要信得过自己能看的眼，能感受的心，就有自己的话说，总之他要戴上手套去搏斗一场。半年后他结识闻一多、朱湘等人，办起《诗镌》，渐渐从这些和他归国之初同样骄气的同行的诗文中发觉更优秀的诗才，尤其是对中国新诗形式的自觉，使他更清醒地认识到自己的优势和局限。《自剖》一文最初发表在1926年4月的《晨报副刊》，他坦陈自己在文学事业上裹足不前的情形。他借一个"真知的朋友"之口说，先前正因为生活不得满足而将压在体内的力量升华成诗歌或散文，并且，因为这些作品得了些赞许而让他产生虚幻的希望，以为自己确有创作的天赋以及独立思想的能力。而等生活安顿下来，向来的灵感之源顿显萎缩甚至枯竭的状态。这个"朋友"归纳他之所以出现才华枯窘的原因是：缺少一种原动的对文艺、学问的信仰和为之奋斗并牺牲的决心，因此，他放不开实际的生活，遑论学问、创作、思想和事业，而只配安分做个平常的人。这看似自嘲的语调里有三分自省，三分不安，三分期待，这种情绪一直困扰着徐志摩最后5年的生命。

梁实秋和苏雪林都很推崇这个集子，因为他们从这些文字里看到徐志摩对现代汉语散文文体的自觉。梁实秋曾亲见徐志摩作文，他往往是顷刻而就，但是谁知道那些文章在他脑子里盘旋了多久！苏雪林说，写新诗态度的谨严自闻一多始，写散文态度的庄重则自徐志摩始。至于徐志摩的散文则以国语为基本，又以中国文学、西洋文学、方言、土语，熔化一炉，千锤百炼，另外铸出一种奇辞壮彩，几乎绝去町畦，令学之者无从措手。她以"庄重"一词概括徐志摩作文的态度，多半是针对他以文学为职业的郑重姿态。徐志摩自己也说："我确是有愿心想把文章当文章写的一个人。"

但郑重的态度有时也会流于扭捏，这恐怕就是梁实秋说的"志摩的散文有很明显的Mannerism（过分独特的风格）"，这不是坏事，独成一格的文风被过分自觉地强调乃至字斟句酌时，往往会带上某种病态，这种Mannerism在《我所知道的康桥》《想飞》中尤其明显。卞之琳对徐志摩的散文创作有较严格的评价："他写散文，以白话，特别以口语为基本，酌量加上文言辞藻、土俚片语、欧化句法，在大多数场合，融合无间。但是他也常常像写骈俪文一样，行文中铺张、浮夸，太多排比、堆砌，甚至装腔作势、矫揉造作。张炎批评吴文英词'如七宝楼台，眩人眼目，碎拆下来，不成片段'。徐志摩被誉为'富丽'的不少散文作品，固然也'眩人眼目'，可惜首先就不成其为'楼台'。"因此，卞之琳对徐志摩的散文成就持保留态度，认为诗体的约束反而对文思起了净化、提炼作用，有助于徐志摩"跑野马"般的思想感情，在语言表达中不致泛滥成灾。

1928年3月，《志摩的诗》得以重印。徐志摩对这部诗集做了重大的删改，删去了初版中的14首诗，这些大多是朱湘批评过的，应该说删得颇合理。但卞之琳认为，他把朱湘认为最好的一首诗《雪花的快乐》改排在卷首，把朱湘认为最坏的一首诗《默境》也删了，则不免有些盲从。卞之琳觉得他的老师生前出版过的诗集中，《翡冷翠的一夜》并非他的高峰，尽管里面确有更炉火纯青的诗作，最可读的诗还是多出自《志摩的诗》。这是徐志摩最具活力的一本诗集，在那里，他为自己提供了最多的可能性，很多人都极看中他学习西洋的诗歌写作技巧，用现代汉语在新诗创作上所做的尝试和探索。曹聚仁的《文坛五十年》中以最精简的语言概括作家的风格，他对徐志摩的论述是："徐志摩的诗名最盛，新诗人最为旧诗人所冷淡，只有徐氏，才为旧诗人所倾倒。他没有闻一多那样精密，也没有他那样冷静，他是跳着溅着的一道生命水。他尝试的体制最多，也译诗，最讲究用比喻，他让你觉得世上一切都是活泼的、鲜明的。他的情诗，为爱情而咏爱情，不一定是现实生活的表现，只是想象着自己保举自己作情人，如西方作家一样。这完全是新东西。"苏雪林亦有相似的评价，她曾戏说别人是用两只脚走路，徐志摩却是长着翅膀飞的。因为他的诗体裁变化多端，今日发表一首诗是一种格式，明日又是一种了，后日又是一种了，想模仿他也模仿不了。

至此，徐志摩对于自己在1927年前诗文作品的整理出版暂告段落。在《翡冷翠的一夜》出版时，他终于在上海找到合适的职位，继续他中断了两年的教书生涯。他开始在初创不久的光华大学执教，讲授翻译、英文小说流派等课程；又应老友吴经熊邀请到东吴大学法学院任英文教授，同时到大夏大学兼课。他与胡适、余上沅等人筹备的《新月》月刊也逐渐成形，但是，在发刊之前，新月书店经历了一场人事上的短暂风波。那是在1928年的1月中旬，据梁实秋回忆，《新月》月刊的筹划，最初是胡适、徐志摩、余上沅负责进行。有了成议之后，一天余上沅到闸北斯考特路潘光旦家，宣布杂志由胡适任社长，徐志摩为主编。当时聚集在潘光旦家的闻一多、饶孟侃等表示异议，表面上是因为社长主编未经同人推选，手续不合，实际上是谁也不愿追随在别人之后。胡适得知消息后，在1月28日致信徐志摩，提出辞去新月书店董事及书稿审查委员会之职，要求退还张慰慈、妻子江冬秀、儿子胡思杜及自己的四股资金，取回《白话文学史》一书纸型另行出版，补偿相关排版、广告和其他费用。想必一贯谦和的胡适这回真的动了气，以致决计脱离新月书店，若退股一事兑现，则开办不到半年的新月书店将就此分崩离析。念及此，徐志摩并未公开此事，而在同人朋友之间做了大量黏合工作，风波才息，最后的编辑名单有徐志摩、闻一多、饶孟侃、潘光旦、梁实秋五人，胡适未列名。3月10日，《新月》创刊号问世，这是新月社的新舞台。

《新月》是一个以发表文学作品为主兼有政治文化思想方面文章的综合性刊物，要实现的是"给社会思想增加一些体魄，为时代生命添厚一些光辉"。创刊号由徐志摩、闻一多、饶孟侃担任编辑，最引人注目的是由新月同人共同拟定、徐志摩执笔成文、传阅通过的发刊词《〈新月〉的态度》。文章不仅阐述了《新月》的办刊宗旨，也是一篇后期新月社的文艺宣言。宣言是批判式的，实非徐志摩擅长的文风。当写下这篇宣言时，他对自己的文学创作也感到焦虑："我们正逢着一个荒歉的年头，收成的希望是枉然的。"后来在《猛虎集序》中，他对"荒歉"一词的注释是"一口气总是透不长""诗永远是小诗，戏永远是独幕，小说永远是短篇"。这使他一望到莎士比亚的戏、但丁的《神曲》、歌德的《浮士德》一类作品时就不由得感到中国新文学的单薄。他列出文坛上流行的13种"不正当"的文学态度，其中4项是文学史上历来诟病的颓废派、唯美派、纤巧派、淫秽派，其余是主要针对创造社、太阳社提倡革命文学理论的功利派、训世派、攻击派、偏激派、狂热派、稗贩派、标语派、主义派等，这番罗列似乎缺乏深思熟虑，如“攻击”“偏激”“狂热”等描绘性的语词尚不足以给某个“派别”命名，“标语”与“主义”彼此也不够独立，分类的失当使得随后的批判显得有些隔靴搔痒。

好在文章遵从《新月》标举的两大文艺原则——健康与尊严。“健康”，意为纯正的文艺思想；“尊严”，则是对文艺“郑重矜持”的决心，但徐志摩并未对这两个原则作详尽的论述，他没有忘记在宣言的末尾强调灵感之于文学创作的生成意义：“生命是一切理想的根源，它那无限而有规律的创造性给我们在心灵的活动上一个强大的灵感。它不仅暗示我们，逼迫我们，永远往创造的、生命的方向走，它并且启示我们的想象，物体的死只是生的一个节目，不是结束，它的威吓只是一个谎骗，我们最高的努力的目标是与生命本体同绵延的，是超越死线的，是与天外的群星相感召的。”他更不忘给自己的创作力鼓劲：“虽则生命的势力有时不免比较的消歇，到了相当的时候，人们不能不醒起。我们不能不醒起，不能不奋争，尤其在人与生的尊严与健康横受凌辱与侵袭的时日！”这也是徐志摩的宣言，他期望自己在创作态度上能永远倔强，不考虑怎样写才能合时宜，才能博得读者欢心，他常挂在嘴上的一句话是：我不知道风是在哪一个方向吹。

他曾对梁实秋说：“尊严和健康的那篇宣言，不但纠正时尚，也纠正了自己。”确切地说，“纠正”或许得益于拟定办刊宗旨时的那场各抒己见的讨论，而主要的影响来自梁实秋。创刊号的第二篇就是梁实秋的《文学的纪律》，文章将健康与尊严两大原则阐释得更透彻。他认为要文学之健康就要注重文学的纪律，这纪律不是外在的权威，而是内在的节制；要文学之尊严就要充分认识到文学发于人性，基于人性，亦止于人性。这是一篇比《〈新月〉的态度》更具学理力量的文字。梁实秋提出文学创作要遵循文体规律、讲求节制，让徐志摩再次感到浪漫主义风格容易流于随心所欲的危险，但他的创作气质决定了他的“纠正”将和他灵感的枯窘一道让他倍感创作的艰难。并且，风格的分歧也意味着《新月》内部出现不同的文学趣味，这也是造成后来《新月》编辑选稿上产生分歧而导致徐志摩离开编辑位置的重要原因。

创刊号上有相当部分的文字是徐志摩的，两篇文章，《汤麦士哈代》与《白朗宁夫人的情诗（二）》；两首译诗，哈代的《对月》和《一个星期》，以及三首诗——《汤麦士哈代》《秋虫》《我不知道风是在哪一个方向吹》。此外还有沈从文的小说《阿丽思中国游记》连载之一、陈西滢的《一个懂得女子心理的人》、胡适的《考证红楼梦的新材料》、闻一多的《白朗宁夫人的情诗（一）》、叶公超的《写实小说的命运》、余上沅的《最年青的戏剧》以及闻家驷、王味辛的两首诗。由于刊登文章超额，整本刊物共202页，售价从原来每期3角的定价临时调整到4角。从第二期开始，《新月》连载徐志摩与陆小曼的五幕剧本《卞昆冈》，同时开始连载的还有陈西滢发自日本的《西京通信》。第三期的头条是徐志摩的《一个行乞的诗人》。由于篇幅太多，《新月》连着7期都售特价，创刊后半年较为固定的发行量达到3000多册。

在与鲁迅展开论争的同时，创造社当然更无法容忍新月社这群不甘寂寞又颇具影响力的自由主义文人，尤其是当《新月》月刊发行之后，“新月派”这顶帽子就被制造出来。然而，后期新月社并没有什么一致的明确主张。梁实秋在晚年专门写《忆新月》一文予以澄清，他说：“新月一伙人，除了共同愿意办一个刊物之外，并没有多少相同的地方，相反的，各有各的思想路数，各有各的研究范围，各有各的生活方式，各有各的职业技能。彼此不需要标榜，更没有依赖，办刊物不为谋利，更没有别的用心，只是一时兴之所至。”但战斗不可避免。创造社的彭康在7月号的《创造月刊》上发表《什么是“健康”与“尊严”?》，这是一篇与文艺创作、文学趣味没有丝毫联系的文章，彭康以新兴革命阶级的代言人、未来主人翁的姿态断言，中国将进入一个新的社会形态，表现这一新形态的新文艺新思想将取代一切旧体制中的旧文艺旧思想赢得支配权，这是必然的过程。因此，藏在《新月》旗下的名流们所谓“健康”与“尊严”不过是行将就木的挣扎。徐志摩将对创造社的反驳写在一首讽刺诗《西窗》里，全篇皆是佯装半梦半醒间斜睨着眼的英国风味十足的讥刺，较之雄辩，他显然更擅长讽喻，在他轻逸的诗风中，这类作品并不多：

再有从上帝的创造里单独创造出来曾向农商部呈请

　　创造专利的文学先生们，这是个奇迹的奇迹，
正如狐狸精对着月光吞吐她的命珠，
他们也是在月光勾引潮汐时学得他们的职业秘密。
青年的血，尤其是滚沸过的心血，是可口的——
他们借用普罗列塔里亚的瓢匙在彼此请呀请的舀着
　　喝，
他们将来铜像的地位一定望得见朱温张献忠的。

绣着大红花的俄罗斯毛毯方才拿来蒙住西窗的，
也不知怎的滑溜了下来，不容做梦人继续他的冒险，
但这些滑腻的梦意钻软了我的心，
像春雨的细脚踹软了道上的春泥。
西窗还是不挡着的好，虽则弄堂里的人声
　　有时比狗叫更显得松脆。
这是谁说的："拿手擦擦你的嘴，
这人间世在洪荒中不住的转，
像老妇人在空地里捡可以当柴烧的材料？"

西窗，是徐志摩文艺朝圣的方向。在结束最后一次周游世界的行程回到上海不久，报载梁启超病重住院，徐志摩即刻启程赶往北平，看望病重住院的老师。自南下成婚，师生一别两年有余，这次他在协和医院见到的梁启超身体已极度羸弱，新症旧病缠身。这是徐志摩最后一次见到梁启超。一个月后，梁启超病逝，身在上海的徐志摩赶不及奔丧。他曾与赶到北平的胡适商谈《新月》第二卷第一期出纪念专号一事，后来并未实现，他也不曾动笔写纪念的文章。虽然他拜过师，但只在1923年到1926年的3年间和老师颇多往来，而即便在那时也几乎谈不上学业上的追随，因此想来他自知，无论是日常事件的追忆，还是学术成就的弘扬，都有比他合适得多的人来担当。1928年12月11日，在丁文江为他举行的接风晚宴上，他见到了新婚后归国不久的梁思成和林徽因。北

平的聚会也从这次北行开始，第一个召集人是金岳霖，他请到了原来北京新月社的老友们一起为徐志摩举行欢迎聚餐，出席的有任叔永夫妇、熊佛西夫妇、陶孟和夫妇，还有杨景任、邓叔存、冯友兰、杨振声、丁文江、瞿菊农、张彭春等。

短暂的停留期间，他创作了《死城（北京的一晚）》，至此完成了以一个名叫廉枫的男子由新加坡经香港，到北平一路所见所感为主要内容的系列小说创作。从手法上看，这几篇小说采用近于意识流的写法，但如果没有“廉枫”这个人物，将这三篇文章划归散文也完全正当。与他多数诗歌中明丽轻盈的格调不同，他的散文大多呈现浓烈繁复、不用尽语汇吐尽心绪誓不罢休的气质。他以这样的方式传达一个城市里似有若无的气息：潮热甜腻、令人眩惑的新加坡，光怪陆离、宛若幻境的香港，萧肃死寂、等待醒来的北平。他极希望在小说创作上有所突破，说他常常想象一篇完美的小说，像一首完美的抒情诗，有它特具的生动的气韵、精密的结构和灵异的闪光，这些话他都曾用来赞美过曼斯菲尔德的小说，可见他心目中小说的偶像。但他也自知，他这支笔，只许直写，没有曲折，也少有变化，因此恐怕这辈子写不成一篇如愿的小说。的确，无论他对小说创作抱有多大期许，这三篇长文终究都算不好，过于宣泄的情绪常让人渐生厌倦之感，语言亦显得臃肿，可能是文辞的过度操作消磨了他的灵气。

与北平的友人匆匆一聚之后，17日，徐志摩又出现在苏州第二女子中学的讲坛上，他是应校长陈淑的盛情邀请作一次关于女子问题的演讲，内容不外乎妇女解放、女性文学、中国新女性的成长等，倒是他讲演的风度给在场的听众留下不灭的印象。正在苏州东吴大学任教的苏雪林也被陈淑动员参加，大家在寒风中翘首等待因火车晚点而姗姗来迟的徐志摩。在她后来的回忆文章里，用最动人的笔调形容听众们在苦等两小时后得知诗人到来时的愉快心情，人们“好像上了岸干巴巴喘着气的鱼，又被掷下水，舒鳍摆尾，恨不得打几个旋，激起几个水花，来写出它那时的快乐”！我们也从苏雪林笔下看到32岁的徐志摩的模样：他穿着一件青灰色湖绉面的皮袍，外罩一件中国式的大袖子外套。三四小时旅程的疲乏，使他那双炯炯发亮、专一追逐幻想的眼睛，带着一点惺忪睡意。他向陈校长道迟到的歉，但他又说那不是他的罪过，是火车的罪过。他从大衣袋里掏出一大卷稿子，庄严地开始诵读。诵读时开头声调很低、很平，要极力侧着耳朵才能听见。渐渐地他那音乐一般的调子升起了，生出无限的抑扬顿挫。他的文字虽佳，却还不如他的言语，特别是诵读自己作品时的言语。

“才子”是徐志摩头顶的光环，他是20世纪20年代中国文坛的一颗明星。尽管他处在一个大师与明星同生的空前时代，且不论那一大批五四前后成长起来的中国文人，就是在新月社里，论学识、论能力、论成就，他都算不得最出色的，但他的文采风流和传闻逸事带给他最大众型的知名度，他还以戛然而止的生命完成明星身份的最终塑造。这也是他在身后的几十年里经历声名浮沉却永葆新鲜的一个原因。

1929年上半年，困居上海的时日中，泰戈尔的两次过路拜访带给徐志摩许多欢乐。3月中旬，泰戈尔去美国、日本讲学途经上海，为了让老人家有宾至如归的感觉，徐志摩特意在三楼布置了一个印度风格的房间，但在泰戈尔眼里，古色古香的卧室更中意。或许是仍对1924年访问中诸多不愉快的声音耿耿于怀的缘故，老人此次出行很低调，不想搅扰了中国的知识界和新闻界，只有一个叫禅达（Chanda）的男青年随行。他很希望这是一次静悄悄的私人团聚，尤其想见陆小曼。住在徐志摩家两三天里，也不出门观光，只爱三个人对坐清谈到深夜。离开的时候，老人送给徐志摩一首用孟加拉语写的诗，一幅水墨自画像，还有自己穿的一件紫红色丝织印度长袍。后来徐志摩把这幅画同闻一多、杨杏佛、胡适、林风眠等20多位朋友的墨迹一道，汇编成一册，命名为《一本没有颜色的书》。

泰戈尔归来已是6月间。11日午前，徐志摩接到电报说回印度的船下午5点左右靠岸。下午，他拉着在街头偶遇的郁达夫到大赉公司轮船码头迎候，并告诉郁达夫，老人这次在日本、美国并未得到先前的礼遇，受了不少闷气，加之年迈，生了一场重病，他要上船探望生病的老诗人。在码头上，立在风里的徐志摩静静地呆呆地对身旁的郁达夫说：“诗人老去，又遭了新时代的摈斥，他老人家的悲哀，正是孔子的悲哀。”说这几句话时，他双眼呆看着远处，脸色变得青灰，声音也特别低。想起5年前两人相伴由杭州一路北上讲演时的风华，恍若隔世。郁达夫后来回忆说，他和徐志摩来往了许多年，这次船码头上见徐志摩面露哀色，实在是最初也是最后的一次。

徐志摩的慨叹，除了创作上的困境导致焦虑而外，也许还源自他在《新月》月刊编辑选稿一事上与梁实秋、胡适的一点不愉快。那还是在年初，徐志摩在《新月》第二卷第一号上选登外稿《观音花》，作者是个青年学生，描写乡间一对情窦初开的年轻人在山野间初始恋爱的片段，徐志摩见这个短篇文笔尚活泼可取，便刊登出来。但梁实秋大不以为然，说小说内容与《新月》健康与尊严的宗旨有所相违，胡适亦有此意。到了第二号，又值《新月》编辑部改组，闻一多离开编辑部，梁实秋、潘光旦、叶公超正式加入，这样一来，从第二卷第二号开始，《新月》编辑增加到5人。徐志摩选了他的学生李祈的短篇小说《照X光室》及其译作《说旅行》准备发表，梁实秋提出异议，认为创作不见其佳，译文也恐有错处，胡适也觉得《照X光室》有些莫名其妙。徐志摩则坚持此二文决不委屈《新月》标准，并早已通知作者发表事宜。结果第二号只刊登了小说。其实，《照X光室》描绘的是一个对西医毫不了解的妇女初次体验拍X光时的恐怖情绪，当然不免对西医的诊断手法有些讽刺。但从小说内容和写法看，徐志摩可能欣赏其泼辣文字间的幽默况味，这也确是此小说的天成之处。不过，徐志摩还是告知梁实秋，如必坚持尽可将两稿一并退回无妨。但最后，《说旅行》仍在第三号刊出。数月后，陈西滢、凌叔华夫妇来上海，说及《照X光室》皆交口称赞，苏雪林、袁昌英也都说好，徐志摩方觉舒坦，但始终未同梁实秋、胡适一道短长，艺术趣味各异本就无可理喻。

重要的是《新月》风格的变化。从1929年4月开始，《新月》文艺稿件的份额逐渐减弱，政论文章越来越居于突出位置。此前，新月社里对政治颇感兴趣的同人曾筹备出版《平论》周刊，讨论中国当前政治问题，胡适答应担任主编，并在3月底写过发刊词，但由于经费、发行等具体问题，周刊并未办成。然而，新月社对政治问题的兴趣并不消减，一些原本要放在《平论》创刊号上的文章被挪到了《新月》上。《新月》第二卷第二号头条刊发胡适的《人权与约法》，第三号头条是梁实秋的《论思想统一》，第四号有胡适的《我们什么时候才可有宪法?》《知难，行亦不易》，这些文章后来都收录在著名的《人权论集》中。连续数篇政论文章，胡适、梁实秋、罗隆基等新月派成员赤手空拳对蒋介石、国民党及国民政府展开大胆批评，提倡建立思想言论批评的自由，至于小说、新诗等具体而微的文艺创作，他们已无暇顾及了。

7月，根据新月董事会的决议，徐志摩离开编辑职位，他再次感到身在上海“日渐销毁，凄然无助”，打算下半年去南京或别处教书。过完夏天，叶公超邀他到暨南大学讲演，他讲演命题为“秋”，表达萧瑟的心境：

> 你们来邀我，当然不是要什么现成的主义，那我是外行，也不为什么专门的学识，那我是草包，你们明知我是一个诗人，他的家当，除了几座空中的楼阁，至多只是一颗热烈的心。

他选择“人生”这个庞大的话题，这是他与其他关注政府、政党、政策的新月社成员最不同的地方。与其说他此刻面对年轻的学生，不如说他面对自己，这是继《自剖》系列后，他对自己思想的再次清理。他真的觉得“不知道风在哪一个方向吹”，他说，不论你思想的起点是星光是月是蝴蝶，只一转身，又逢着了人生的基本问题，冷森森地竖着像是几座拦路的墓碑。生活影响了他的工作，他没有一感到烦恼悲哀就赶快投入工作寻求救济的本领，并且，在这样一个时代，很多人都没能有这样的本领。他认为，一种公认的精神范式的缺失是社会混乱、人心动荡、才华尽失的根本原因。他的自我反省或许可以上溯到童年的家庭教育——以物质丰富为基本理想的奋斗目标。这个常被猜测得了幻想症，或理想主义过于强烈的人，或许真的找到了中国社会在转型中失重的主要原因。然而，他找不到对策，无论是个人现状还是社会现状。他很自然地堕入自我否定。站在大学的讲坛上，他说，知识是一种堕落，尤其从活力的观点看，这士民阶级是一个特别堕落的阶级，简直不可救药了。

思想的矛盾越来越困扰他。习惯以马列主义文艺理论为批评根基的穆木天曾写过一篇《徐志摩论》，尽管他把“革命”的字样赋予徐志摩，但文章几乎触到了徐志摩所有矛盾又复杂的精神面貌。穆木天认为，“贵族的市民出身的徐志摩”在亲身经历“资本主义到达了极绚烂极成熟的时代”之后，对美的理想追求是根深蒂固的，这使他坚信“这灵魂的冒险是生命核心里的意义”。他又是一个强烈的个人主义者，要实现“生活是艺术”的主张，这是他寻求心灵解放的出发点和原动力。因此，当“他的理想主义同社会现实愈趋冲突”“失却了生产的力量”时，他仍然保留“称王称霸的雄心”。

1930年4月，他的小说集《轮盘》由中华书局出版，其中收录短篇小说《春痕》《家德》《肉艳的巴黎》《浓得化不开》等11篇，比之散文、诗歌创作，徐志摩确实没有写小说的天赋，但集前沈从文的序言颇可观。能写最隽永的短篇的沈从文用“华丽局面”来描绘徐志摩在散文与诗方面的成绩，他未将《轮盘》里的文字定义为小说，只说“这集子，不是杂感而是创作”。沈从文敏锐地感到以相互笔战、互揭隐私为主要内容的所谓“中国文学运动史”实则很无聊，而像徐志摩这样在热闹文坛里不写杂感、专搞创作是可佩的。他写道：“作者在散文与诗方面，所成就的华丽局面，在国内还没有相似的另一个人，在这集中却仍然保有了这独特的华丽，给我们的是另一风格的神往。但作者似乎缺少一种无赖天才，文字生动反而作成了罪过方便，在一切恶意攻击中从不作遮拦行为，又不善于穿凿，更多理由给人以‘绅士’的称谓。一九二八年的时代精神原是完全站在相反一点上的，作者在某一意义上，是应当把‘落伍’引到自嘲的一事上了。”这番“自嘲”也是沈从文自己的，两人都不好争论，都多半因为生性使然，且两人的文风皆不擅此道，而徐志摩的不争论更是为了维护某种风度。

徐志摩与沈从文年龄相仿而成长背景迥异，一个长在锦绣江南、经商富户，一个生于湘西边城、尚武人家；一个少年留洋游学英美，一个在沅水流浪辗转于兵匪之间；一个生性热络，一个脾气沉郁；一个年纪轻轻声名远播，一个自我放逐初来乍到。耐心沉静、最不善应付人事的沈从文，自1925年落脚北京开始就一直得到徐志摩热心帮助，两人友谊缘于艺术趣味的相互欣赏。那时徐志摩接编《晨报副刊》不久，11月的一天，他从积稿中发现沈从文的短篇小说《市集》，小说里“处处有着落，却又处处不留痕迹”的文思正与他自己的美学追求相合，他即刻将小说刊登出来，并附识《志摩的欣赏》大加赞赏。但此前，沈从文见副刊久未发表，已转投《燕大周报》刊出，后来《民众文艺》也转载了。眼下，副刊又予以登载，一稿三登，引起了一些读者的非议，有人致信徐志摩说，下回没有相当稿子时，就不妨拿空白纸给读者们做别的用途。沈从文也致信解释事由，但徐志摩却全不在意，他的回信开头便是一句：“算是我们副刊转载的，也就罢了。”这倒给沈从文不小的安慰。他又把沈从文拉进新月社，沈从文恬淡的艺术气质也使他比留美的闻一多更自然地融入新月社精致的艺术趣味中。

从1928年开始，徐志摩不遗余力地帮沈从文联系小说连载与出版事宜，沈从文在同年底写给徐志摩的信临末了有这样一句：“使我活下来的并不是名誉这样东西，这自觉，把我天真及其余美德毁灭完了。”而信的主旨只有一个，请徐志摩想法预付《新月》的稿费以解其燃眉之急。徐志摩对金钱的态度极豁达，有招之即来挥之即去的风度，即便陆小曼的挥霍让他颇感经济压力，但他的不愉快从来不是源自金钱的。因此，极不愿谈及金钱的沈从文将生活的窘迫和盘托出，依他当时的境况和个性，这些话恐怕只有同徐志摩才能如此直白透彻地说。1931年初，徐志摩全力帮助沈从文营救被国民党政府逮捕的胡也频，并设法提供营救费用。6月时帮沈从文筹集送丁玲母子回湖南常德的路费，又介绍沈从文到青岛大学任教。而徐志摩去世，沈从文也是第一个赶到济南奔丧的朋友，那时他望着戴顶瓜皮小帽，穿双粉底黑色云头如意寿字鞋的徐志摩，这一身与徐志摩平时性情爱好全然不相称的上等寿衣让沈从文生出无尽的错愕与悲凉。

还有一年。徐志摩不得不暂时在京沪江浙几个大学间辗转。既然无意于针砭时弊，就要开辟自己的新天地。他很自觉地将中国新诗创作和理论探究作为事业的追求，从新月社、《晨报副刊》、《新月》月刊到即将诞生的《诗刊》，在他的判断里，做一个优秀的诗人，与做一个成就卓著的政治家、银行家一样，可以安身立命，可以赢得声名，可以报答养育之恩。1926年后，他对自己的诗才不再信心百倍，尤其是面对父亲对他的失望情绪，他内心的焦虑日渐沉重。他曾在家书上说服老人相信他在文学上必有前程，他说：“各人有各人的长处，我如学商，竟可以一无成就，也许真的会败家，我学了文学，至少已经得到了国内的认识，我并不是没有力量做这件事的，并且在这私欲横流的世界，我如能抱定坚贞的意志，不为名利所摇惑，未始不是做父母的可以觉得安慰的地方。”但他的焦虑终究影响他的创作，这个在诗歌情调上从没越出19世纪英美浪漫派诗歌及其20世纪余绪范畴的诗人，却要分出很多心思经营他的事业。

他打算重振新月聚会。他开始忙着找地皮、筹款建房，朋友宋春舫捐了五分地由他规划，至于建房款，他希望得到梅兰芳的资助，并请在国民政府教育部任次长的朋友郭有守同意把国际笔会中国分会建到新月社内，一来能让新月社成员多几个参加世界性的文化组织，多一些出国交流的机会，二来能名正言顺地获得资金支持。他的计划是不造则已，造则定得有一间大些的房子，可容一二百人，演戏、书展都可用，造价至少要2万元。1930年5月中旬，徐志摩和胡适召集了蔡元培、杨度、沈从文等10多人，在上海跑马厅的华安大厦八楼召开国际笔会中国分会筹备会。一年后分会成立，蔡元培任会长，胡适、徐志摩、徐讦等被推为理事，那时徐志摩和胡适都已在北平了。

上海的新月聚会随着新月成员相继北归而逐渐冷落。1930年4月起，《新月》月刊由罗隆基接编。罗隆基，字努生，江西安福人。1913年考入清华学堂，在清华三赶校长风潮中组织参与演讲、会议，是风头十足的学生领袖。由于参加学运，与闻一多等人同受退学处分，1921年秋季入美国威斯康星大学，1925年获哲学博士学位。后离美赴英，入伦敦大学政治经济学院随拉斯基攻读政治经济学。回国后落脚上海，在中国公学政治经济系、光华大学政治系、暨南大学政治经济系任教。习惯成为焦点人物的罗隆基加入新月社后，异常活跃，他对现实政治的极大兴趣是他接编《新月》后刊物重心转向政论领域的主要动力。

也在1930年秋，梁实秋、闻一多接受新筹建的国立青岛大学校长杨振声邀请担任教职，到风光旖旎的青岛开辟新天地去了。这一年，叶公超北归任清华大学外文系主任，胡适不愿因国民政府对他打压累及中国公学而辞去校长职务，并在11月底举家北迁，回北京大学任教。徐志摩也从1929年下半年开始在沪宁铁道线上奔波，聚会便更没法按期举行。他是1929年秋季开学时到南京中央大学任课的，讲授“西洋诗歌”“西洋名著”两门课程。其间，他认识了中央大学学生陈梦家、方玮德，青年学子对新诗的热情，无形中鼓动了他渐趋寥落的诗心，另组织几个朋友出一个纯文艺月刊的想法逐渐成熟起来——他要重新出版

《诗刊》。

20世纪20年代后期的中国新诗创作已然没了七八年前的蓬勃生机，诗集出版量、报章文艺版上的诗作大幅减少，“高调”“雄健”“乐天”的宏大诗风，为人生、为社会的诗歌创作口号渐次响亮起来，但整个诗坛依旧群龙无首，一直“肯得吹喇叭”的徐志摩决定和新朋旧友一道，努力唱响清新灵巧、婉转精致的“新月诗风”。在1930年4月的出版预告上，徐志摩首先将新刊物的源头追溯到1926年《晨报副刊》出过的11期《诗镌》专栏，他说，4年来文学界起了不少变化，尤其是理论方面，相比之下诗却比较冷淡。有人甚至怀疑新诗还有否前途。于是原先《诗镌》的旧友想多约几个对新诗有兴味的新友再来一次集体工作，以不定期的《诗刊》为阵地证明新诗的前途。他开列了约稿朋友的名单：朱湘、闻一多、孙大雨、饶孟侃、胡适、邵洵美、方令孺、谢婉滢、方玮德、陈梦家、沈从文、梁实秋等。

《诗刊》的创刊号赶在1931年旧历新年之前由新月书店发行。徐志摩撰写序语，照例唱他的理想歌：我们要共信新诗是一种艺术，是有前途的，是一个时代最不可错误的声音。他着重提出诗歌创作要有一点“真而纯粹”的精神，这不仅表现在作品里，更与作者的艺术品格紧密相关。他戏称“我辈已属老朽，职在勉励已耳”，但他决定打响“新月诗派”的旗号，这是他回国之初办新月社时就怀抱的理想；他也要为初来乍到的年轻诗人们开辟一个尝试和学习的园地，这是他在《晨报副刊》办《诗镌》时的初衷。尽管有人并不十分情愿被划归到一个派别里，但他执意邀请陈梦家在《诗镌》《诗刊》的基础上编辑《新月诗选》。9月出版的《新月诗选》共收录18位诗人的作品，包括徐志摩、闻一多、饶孟侃、朱湘、孙大雨、邵洵美、方令孺、林徽因、陈梦家、方玮德、梁镇、卞之琳、俞大纲、沈祖牟、沈从文、杨子惠、朱大枏、刘梦苇等。陈梦家是浙江上虞人，是后期新月社中最活跃的年轻诗人，在《新月》月刊上发表诗歌时才17岁。1931年，在徐志摩的推荐下，新月书店出版了他的第一部诗集《梦家诗选》,《新月诗选》的长序即出自他手，行文平衡有致，文辞优美。他将新月诗风概括为：“本质的醇正，技巧的周密和格律的谨严。”本质的醇正，指的是以真实的感情为元素，只为着诗才写诗，是对诗人最低限度的要求。技巧的周密和格律的谨严的含义则有两个层次，从具体创作看，是指思想感情滤清并找到准确适当的表达过程；从整体发展看，是指借鉴西方诗歌创作技巧，赋予创作规范，建立合理相称的批评标准。这些主要是徐志摩的新诗创作主张，因为，这个阶段的新月诗会里，他是前辈，亦是揭起新月大旗的人。陈梦家就将他的诗放在《诗选》之首，并在序言里这样介绍："从前于新诗始终不懈怠，以柔美流丽的抒情诗最为许多人喜欢并赞美的，那位投身于新诗园里耕耘最长久最勤快的，是徐志摩。他的诗，永远是愉快的空气，曾有一些儿伤感或颓废的调子，他的眼泪也闪耀着欢喜的圆光。这自我解放与空灵的飘忽，安放在他柔丽清爽的诗句中，给人总是那舒快的感悟。好像一只聪明玲珑的鸟，是欢喜，是怨，她唱的皆是美妙的歌。"根据这样的风格描述，《诗选》收录了徐志摩的《我等候你》《再别康桥》《沙扬娜拉》《哈代》《大帅》《季候》《消息》《火车擒住轨》8首诗。

可惜由于徐志摩过早的离世，《诗刊》也只能早早收场。《诗刊》共出了4期，前三期是徐志摩主编，第四期为陈梦家主编的"徐志摩纪念号"。刊物以诗歌创作见长，兼以译介国外诗歌及创作理论，是当时中国诗坛上一扇名副其实的"西窗"。周策纵在《五四运动》一书中认为《诗刊》是中国象征诗派的先驱。从中国新诗发展史看，围绕在《诗刊》及《诗镌》周围的"新月派"诗人在汉语新诗创作上的实践，为中国现代诗的发展作出了理论的创新，凝聚了诗坛的力量。但从新月派前后两段的理论建树看，《诗刊》的影响力不及当年的《诗镌》。

新月书店的经营也颇不顺意。1931年4月，《新月》第三卷第五期因校对环节出现疏漏导致稿件积压一个月，只得另加3万字改成合刊。合刊上有彭基相译《文化精神》一文，提出"学校完全存在于学者之灵魂中""思想以外绝无一物"的观点，并在文末专门指出此论点是针对眼下时髦的"实验主义教育理论"的。闻一多、梁实秋都表示反对，在北平的胡适更是专门致信编辑罗隆基，认为《新月》不该发表此类立论的文章。罗隆基解释说，彭基相的稿件是徐志摩介绍的，且说已经看过，力言可登，彭氏文章也曾屡次在《新月》发表过，于是他没看原稿便全文照登了。他说，作为编辑不审稿即刊发自是荒谬，但徐志摩“亦连累人了”。

在书店的经营理念上，股东们也有分歧。5月，经过改组、扩股融资，由邵洵美接任经营管理事务。被鲁迅讽刺为“用陪嫁钱作文学资本”的邵洵美出身名门，祖籍浙江余姚，是闻名沪上的“斜桥邵家”的长孙，祖父邵友濂曾任上海道台，妻子盛佩玉是盛宣怀的孙女。后来同他一起办《金屋》月刊的章克标晚年回忆这场联姻，却说所谓妻财，乃是想象出来的不实之词。邵洵美的风流做派倒不是虚名，他的上海沙龙，座上客常满，杯中酒不空。他的诗受波德莱尔影响，一派唯美又颓废的风格，常是“美人当头”，与徐志摩颇不相同，倒也独树一帜，可谓中国“颓加荡”（Decadent）诗派的代表。他又写一手漂亮的颜体书法，更是编办刊物的行家里手，版式编排手法娴熟，绝对一流。他与徐志摩是莫逆之交，参与新月书店的经营业务即是应徐志摩盛邀，还特地将自己的金屋书店停办。但他一接手新月书店，就感到它内外困难重重。

徐志摩、邵洵美考虑到书店的生计，竭力主张《新月》不再谈政治，以维持刊物和书店的营业。然而，罗隆基颇不以为然。他在写给徐志摩的信中说，《新月》内容的退步，大家都要负责任，主要是投稿量太少。他又致信胡适说：“《新月》的立场，在争言论思想的自由。为营业而取消立场，实不应该。相当的顾到营业则可，放弃一切主张，来做书店生意，想非《新月》本来的目的。”不到一个月，《新月》第三卷第十一期头条、罗隆基的《什么是法治》一文再次“犯忌”，这期400本《新月》全被查扣，当局声言第二天抄店，后来幸亏邵洵美手段“高妙”，查抄令撤回，刊物发还。但由于股东间不同的经营观念和目标，新月书店逐渐没了当初的生气。徐志摩去世后，新月书店由胡适出面盘给了商务印书馆，《新月》月刊也就此停刊。

事实上，1931年初，徐志摩就一心想把事业转回北平去。当时，胡适邀请他到北京大学英文系任教，可陆小曼迷恋沪上风景执意不走，他也考虑到北平教职的薪水不够开销，于是在上海方面，东吴大学的课程他仍兼着，光华大学的职位由于学生闹风潮已然不保，上海中华书局、大东书局的编辑薪俸照拿不误，新月书店的生意也尽力关照着，而南京中央大学的教职毕竟分身乏术，只得辞去。

站在讲台上的徐志摩只能算差强人意。后来首先为徐志摩诗作做的翻案文章《徐志摩诗重读志感》里，卞之琳的回忆充满诚意公允，他说："徐志摩是才气横溢一路的诗人。他给我们在课堂上讲英国浪漫派诗，特别是讲雪莱，眼睛朝着窗外，或者对着天花板，实在是自己在作诗，天马行空，天花乱坠，大概雪莱就是化在这一片空气里了。"他又在为人民文学出版社编的《徐志摩全集》作序时，说到徐志摩上课的情形："他涉猎很广，但是对哪一个'面'或哪一个'点'也缺少钻研。他讲西方诗，特别是英国诗，应说是当行，讲起来也时有精彩的体会，却率多借题发挥，跑野马，有时候引了大段以至整篇原文，有时候加上译文，作为课堂讲义也不合规格。他讲法国象征派先驱波德莱尔固然有些隔靴搔痒，他讲英国浪漫派大家拜伦也废话太多，就是到后来讲哈代，也既不成其为有分量的学术性论作，也不是有创见的印象式论评。"徐志摩讲别人的诗实际是自己在作诗，正像他的翻译常不负责任地"锦上添花"一样。他坚持认为，艺术要整体地领悟，分析地看艺术是煞风景的，只有综合地看才对。但再敏锐的感觉也无法成为学理，更没法在课堂上产生良好的教学效果。徐志摩在北大上课前后不足一年，而他的诗论和创作影响了当时21岁的卞之琳，这个后来被余光中称为20世纪20年代以来绝对一流的诗人在诗歌创作上颇受徐志摩、闻一多的影响，比如"诗的戏剧化""坚持用圆顺洗练的口语写有规律的诗行"等，卞之琳都比徐志摩以及闻一多走得更远。

回北平之初，徐志摩还受胡适邀请参加了一项大型文化工程——翻译莎士比亚全集。那是1930年底，在南京召开的中华教育文化基金董事会（即美国庚款委员会）第六次年会上，议决成立编译委员会，以胡适、张准为正副委员长。经胡适推荐，第二十九次执行委员会议通过聘请了丁文江、赵元任、傅斯年、陈寅恪、梁实秋、陈源、闻一多、姜立夫、丁西林、胡经甫、竺可桢等人为编译委员会委员，下分两组，一为自然科学组，一为文史组，其工作则分为三部，其中一部是世界名著部，任务是选择在世界文化史上曾发生重大影响之科学、哲学、文学等名著，聘请能手次第翻译出版。编译委员会成立后，胡适拟定了一个计划，准备成立一个翻译莎士比亚全集的专门委员会，由闻一多任主任，成员有徐志摩、叶公超、陈源、梁实秋等5人，担任翻译及审阅工作，并先行试译以期决定体裁问题，经费暂定为5万元。为此，胡适与闻一多、梁实秋商议后，主张先由闻一多、徐志摩试译韵文体，另由梁实秋和陈西滢试译散文体。试验之后再作决定，或全用散文，或用两种文体。对这项工作，起初闻一多等都很热心，做了初步的计划，预备从《哈姆雷特》入手，5年内译完全集。然而，由于时局和家累，徐志摩只试译了《哈姆雷特》第二幕第二场，发表在《新月》第四卷第二号上，便无暇顾及。他去世后，人手更为缺乏，合译计划遂无法实现。翻译任务由梁实秋独立承担，36年后的1967年，梁译《莎士比亚全集》最终完成出版，但这一切已与徐志摩无缘。

最后一个夏天，他开始着手整理1927年后创作的新诗并汇编成《猛虎集》，这是他生前出版的最后一部作品集。他回顾了自己10年来的诗歌创作历程，对已经出版的两部诗集下了考语，他指出自己创作陷入窘境的苦处：

> 一眨眼十年已经过去。虽则连续的写，自信还是薄弱到极点。“写是这样写下了，”我常自己想，“但准知道这就能算是诗吗?”就经验说，从一点意思的晃动到一篇诗的完成，这中间几乎没有一次不经过唐僧取经似的苦难的，诗不仅是一种分娩，它并且往往是难产！这份甘苦是只有当事人自己知道。

他渴望重回10年前在康河畔灵感迸发、身心徜徉的美妙时光，可年龄、心绪、境遇都不容他全然地返回。尽管写作艰辛，但阅读新作时的满足给予他升腾的体验，所以他喜欢朗诵自己的作品。梁实秋说他并不觉得徐志摩善于朗诵，但他是那么郑重地读，可见他对于自己作品的用心。

他终生都在竭尽全力寻找轻逸飞扬的感觉，尤其是他的诗。茅盾在《徐志摩论》中专门引用《我不知道风在哪一个方向吹》全诗来分析徐志摩独特的诗风，他称徐志摩为“末代的诗人”，认为要把那淡到几乎没有的内容、不外乎伤感的情绪诉诸一个圆熟的形式，并使之有荡气回肠之势，不是徐志摩便作不出这样的诗。他的诗作不多幽情密绪、玄思妙理，所以语言质地就更易显得玲珑疏朗。这正是徐志摩的过人之处，也是他最大的局限。他写过两首同以坐火车为内容的诗《车上》和《车眺》，前者叙事，写车厢见闻，累赘杂沓；后者抒情，写窗外即景，玲珑轻快。有首写在旅欧途中的小诗《怨得》颇见他轻描淡写的功夫：

怨得这相逢；
谁作的主？——风！

也就一半句话，
露水润了枯芽。

黑暗——放一箭光；
飞蛾：他受了伤。

偶然，真是的。
惆怅？喔何必！

他的风格造就了他，也束缚了他。他一直向往物我相忘的秘密快乐，全心倾听最富灵感的天然音乐，认为这是想象力最纯粹的境界，其中的崇高和愉悦简直无法形容。因此他迷恋济慈的低语："I feel the flowers growing on me."他译作："我觉得鲜花一朵朵的长上了我的身。"他说济慈与雪莱最有这与自然和谐的变术，济慈的《夜莺歌》是宇宙间一个奇迹，即使有哪一天大英帝国破裂成无可记认的断片时，《夜莺歌》依旧保有它无比的价值。这是他的文学理想。

有很多论者将他比作中国的雪莱，他的诗思和诗艺的确"几乎没有越出过十九世纪英国浪漫派雷池一步"。然而，正如论者所指出的，"他对英国十九世纪浪漫派的诗学的领会也不具学理上的清晰性，往往摭拾一二意象与观念，就抱持终生。但归根结底，他的诗的发生学，往往归因于玄秘的不可究诘的灵感之上，这正是雪莱所秉承的西方诗学一个源远流长的观念系列的余绪"。英国浪漫派诗人这100年来整体上评价的低迷是徐志摩的诗作不能在学界收获更多赞美的原因。对于浪漫派的缺陷，徐志摩在编《晨报副刊》的《诗镌》时就意识到了，但他的少年气质决定他将继续唱天教唱的歌。T.S.爱略特说：“对于任何一个超过二十五岁仍想继续写诗的人来说，我们可以说这种历史意识几乎是绝不可少的。”所谓“历史意识”是指作者对整个文学传统的继承。关于这点，徐志摩从写诗之初就做得相当好，他继承中国传统诗词的意境、意象乃至语汇，他的《沙扬娜拉》就是这样的名篇。他创作的问题出在没法将感受经验的个人和进行创作的头脑尽可能地分离。他永远把自己托付给灵感与激情。他的少年气质决定他不能不把诗歌当作个性的表现。因此，不理解者不免说他情感流于空乏、油滑，而要他“优美情感深造思想”。

他那些理想化的追求缘于他的少年气质，比如他坚持最优秀的诗人生平的历史就是一首极好的诗。他原本是不以物质为累的，更不必日日“想飞”，这不仅因为他的家境，更由于他天生对物质的驾驭能力让他具备以物质化的精致生活为某种艺术享受的本领，因此，穆木天说他是“贵族的市民”很恰当。但1926年后，轻逸的感觉越来越难以掌握，他逐渐开始为物质所累，并越来越意识到俗尘与肉身的沉重且不可弃绝。这不完全是因为陆小曼，更重要的是他自己的性格所限。他最爱母亲。他在母亲重病前对朋友说：“我自身只愁我妈的身体，不能让我放心滚。但前天有人替我算命，说不妨事。去年逃得过，要到四十岁，不再来关节。我真巴望瞎子是有神通的。只要我妈无恙，我就不愁我的翅膀不够长。”他不是爽利的人，更要命的是，只有皆大欢喜才让他愉快，因此，他越来越陷入左支右绌的境地，他曾写下这样的诗句：

阴沉，黑暗，毒蛇似的蜿蜒，
生活逼成一条甬道：
一度陷入，你只可向前，
手扪索着冷壁的黏潮，

在妖魔的脏腑内挣扎，
头顶不见一线的天光，

这魂魄，在恐怖的压迫下，
除了消灭更有什么愿望？

他绝不是不食人间烟火的人，但每个人的少年气质终究会被岁月世事质疑，所以灵感远离他，安逸单纯的生活也越来越难。他说：“我的尘俗的成分并没有甘心退让过，诗灵的稀小的翅膀，仅他们在那里腾扑，还是没有力量带了这整份的累坠往天外飞的。且不说诗化生活一类的理想那是谈何容易实现，就说平常在实际生活的压迫中偶尔挣出八行十二行的诗句都是艰难。尤其是最近几年，有时候自己想着了都害怕：日子悠悠的过去，内心竟可以一无消息，不透一点亮，不见纹丝的动。我常常疑心这一次是真的干了完了的。如同契玦腊（齐德拉）的一身美是问神道通融得来限定日子要交还的，我也时常疑虑到我这些写诗的日子也是什么神道因为怜悯我的愚蠢暂时借给我享用的非分的奢侈。我希望他们可怜一个人可怜到底！”

他仍对《猛虎集》出版后将会遭遇的批评心中忐忑，他一直无法直面某些批评意见，它们总是极易动摇他的自信，他几乎是告饶了，仿佛1924年他亲见泰戈尔离开中国时的黯然重现。他写道：“你们不能更多的责备。我觉得我已是满头的血水，能不低头已算是好的。”但他仍不愿发“革命”的音，认定了“不合时宜”，他说：“你们也不用提醒我这是什么日子，不用告诉我这遍地的灾荒，与现有的以及在隐伏中的更大的变乱，不用向我说正今天就有千万人在大水里和身子浸着，或是有千千万人在极度的饥饿中叫救命，也不用劝告我说几行有韵无韵的诗句是救不活半条人命的，更不用指点我说我的思想是落伍或是我的韵脚是根据不合时宜的意识形态的……这些，还有别的很多，我知道，我全知道，你们一说到只是叫我难受又难受。”

他寄希望于回北平的新生活，希望北方的天空重新激起文艺创作的灵感。他从小就爱望天，他始终不能忘少年时的一天在上海配了一副近视眼镜，到晚上抬头望天，发现满天星斗时的无比激动。眼下，在空旷的北方都城，他居然又望到天了：“眼睛睁开了，心也跟着开始了跳动。一切的动，一切的静，重复在我的眼前展开，有声色与有情感的世界重复为我存在。”他告诫自己：“这仿佛是为了要挽救一个曾经有单纯信仰的流入怀疑的颓废，那在帷幕中隐藏的神通又在那里栩栩的生动，显示它的博大与精微，要他认清方向，再别走错了路。”他希望《猛虎集》是他真的复活的机会，相信这些或长或短的诗行是他性灵挣扎留存的明证。他本应是云雀，像雪莱般明亮且心存高远，而最后却成了忧郁而意耽唯美的济慈，他唱出最后的歌，并陶醉其间。他的文字已不复从前的灵秀，自怨自艾中有可恶的酸朽：

> 我只要你们记得有一种天教歌唱的鸟，不到呕血不住口，它的歌里有它独自知道的别一个世界的愉快，也有它独自知道的悲哀与伤痛的鲜明；诗人也是一种痴鸟，他把他的柔软的心窝紧抵着蔷薇的花刺，口里不住的唱着星月的光辉与人类的希望，非到他的心血滴出来把白花染成大红他不住口。他的痛苦与快乐是浑成的一片。

回望他的成长，正是一个把名字写在水上的历程。他从海宁硖石出发，路过西湖、北洋，到达康河，伦敦的这条河是他的精神摇篮，在那里他同热爱东方艺术的异国人一道把自家乡土视为海上蓬莱。回国之初，他迅速成名，但几乎同时，世事人情让他水土不服。两场引发众议的恋爱之后，他仿佛耗尽了灵气，困居上海。他一心想飞，重回康河，寻那印在水上的名字，那是多年前济慈的墓志铭给予他的灵感。但他的挣扎不过是南舣北驾地讨生活。终于，飞的梦想实现时，他把名字写在一团火里。

徐志摩坐飞机往返于平沪之间，很多人说是为陆小曼所累，夫妻分居两地，他不得已频繁奔波；为减少舟车劳顿之苦，他又不得已搭乘飞机。事实上，徐志摩并不以为坐飞机是置身危险之中，相反他极爱飞行之旅。那时的中国航空业起步不久，一般人坐不起，同时也视为畏途，他却要开风气之先。他曾对梁实秋竭力推荐说：“你一定要试试看，唉呀，太有趣，御风而行，平稳之至，在飞机里可以写稿子。自平至沪，比朝发夕至还要快，北平吃早点，到上海吃午饭。太好了。”就在罹难前几天，他还神采飞扬地邀叶公超同他一道飞去上海，机票来回免费。1930年下半年，他的一个朋友保君建刚任中国航空公司财务组主任不久，知道他在平沪两地经常奔波，便送了一张长期免费机票给他，不料一番好意竟招致灾祸。

徐志摩最后的飞行是从南京到北平，他要赶去听当晚林徽因在清华协和小礼堂为驻华外交使节作关于中国古典建筑学的演讲。1931年11月18日下午，他从上海坐车到南京。他原计划搭乘张学良专机北上，但飞机因故不返，正巧航空公司第二天有架运邮件的飞机去北平，他决定临时搭乘。

在南京的最后10个小时，他照例如一阵风，各处探望。他先到狱中见了“福叔”蒋百里，同他商量卖屋的事。蒋百里因与唐生智有联络，被南京政府关押在三元巷总部军法处看守所，书画家陈定山有意买下上海国富门路的蒋宅，徐志摩就做了中间人赚点佣金，这是他此次南下的主要原因。随后，他去了张歆海家，又到杨杏佛家，两家都没人，他只好独自去明陵一带溜了一遭，又到金陵咖啡馆吃了茶点。晚饭后，再到张家，张家夫妇有约外出，他便独自烤火抽烟，主人回来的时候，杨杏佛也来了，大家聊得尽兴。当晚，他在何竞武家宿夜。

第二天一早，他匆忙赶往机场，上了中国航空公司京平线济南号。登机前他给梁思成家发了电报，嘱下午3点雇车去南苑机场接他。下午汽车去接，到4点半还未到，汽车回来了。次日上午，林徽因颇为疑虑飞机有否变故，就打电话给胡适。胡适想起《北平晨报》有消息说昨日有飞机在济南之南遇大雾，误触开山，司机与不知名乘客皆死，念及此，他大叫起身，已知徐志摩遇难，即刻电话告知林徽因。中午时分，北平的友人们确证了消息。

21日的《上海新闻报》对失事经过有如下报道：

中国航空公司京平线之济南号飞机，于十九日在济南党家庄附近遇雾失事，机既全毁，机师王贯一、梁璧堂及搭客徐志摩，均同机遇难。华东社记者，昨往公司方面及徐宅访问，兹将所得汇志如后。

失事情形：济南号飞机十九日上午八时，由京装载邮件四十余磅，由飞行师王贯一、副机师梁璧堂驾驶出发，乘客仅北大教授徐志摩一人拟去北平，该机于上午十时十分飞抵徐州，十时二十分由徐继续北飞，是时天气甚佳，不料该机飞抵济南五十里党家庄附近，忽遇漫天大雾，进退俱属不能，致触山顶倾覆，机身着火，机油四溢，遂熊熊不能遏止。飞行师王贯一、梁璧堂及乘客徐志摩，遂同时遇难。

办理善后：后为津浦路警发觉，当即报告该地站长，遂由站长通知公司济南办事处，再由办事处电告公司，公司于昨晨接电后，即派美籍飞行师安利生乘飞机赴京，并转津浦车往出事地点，调查真相，以便办理善后。公司方面，并通知徐宅，徐宅方面，一方既嘱公司代为办理善后，一方面亦已由徐氏亲属张公权君派中国银行人员赶往料理一切。

公司损失：济南号机为司汀逊式，于十八年蓉沪航空公司管理处时向美国购入，马力三百五十匹，速率每小时九十哩，今岁始装换新摩托，甫于二月前完竣飞驶，不意偶遇重雾，竟致失事，机件全毁，不能复事修理，损失除邮件等外，计共五万余元。

……徐氏上星期乘京平线飞机来沪……才五六日，以教务纷繁，即匆匆拟返，不意竟罹斯祸……徐之乘坐飞机，系公司中保君建邀往乘坐，票亦公司所赠……票由公司赠送，盖保君建方为财务组主任，欲借诗人之名以作宣传，徐氏留沪者仅五日。

在朋友中，最早得到徐志摩确切死讯的是时任青岛大学校长的杨振声。他在19日夜12点接到山东省教育厅厅长何仙槎从济南来的电报，说："志摩乘飞机在开山失事，速示其沪寓地址。"次日，梁实秋、沈从文等人皆被告知，众人愕然，难以置信。

奔丧的亲友先后在22日中午赶到济南。沈从文从青岛来，梁思成、金岳霖、张奚若从北平来，郭有守、张慰慈从南京来。众人同到中国银行寻到受张幼仪四哥张公权委托料理后事的陈先生，他在前一大带了人冒雨赶去出事地点，把徐志摩洗整装殓完毕同车回到济南。他描述了徐志摩遇难后的情状，沈从文在第二天写给友人王际真的信中这样写道："志摩衣已尽焚去，全身颜色尚如生人，头部一大洞，左臂折断，左腿折碎，照情形看来，当系飞机坠地前人即已毙命。二十一此间接到电后，二十二我赶到济南，见其破碎遗骸，停于一小庙中。”

停柩的小庙叫福缘庵。小小的院子里，钵头、瓦罐、大瓮、粗碗、罂瓶，满是济南人日常用的陶器，一进三间的屋内也到处都是陶器，原来这地方是个售卖陶器的堆店。徐志摩的棺木就停在入门左侧贴墙处，像是临时腾出来的一点空间，亲友们只能分别轮流走近看看。面对这“破产”的遗体时，大家低下头无话可说。有人把一个小篮子里的一角残余的棉袍，一只血污透湿的袜子拿给大家看，沈从文记录下徐志摩留在世间的最后模样：

> 棺木里静静的躺着的志摩，戴了一顶红顶球绸纱小帽，露出一个掩盖不尽的额角，额角上一个大洞，这显然是他的致命伤。眼睛是微张的，他不愿意死！鼻子略略发肿，想来是火灼炙的。门牙已脱尽，与额角上一个大洞，皆为向前一撞的结果。这就是永远见得生气泼刺，永远不知道有敌人的志摩。

一个爱热闹的人，躺在这小且破的庙里，被一堆坛坛罐罐包围着。眼前的徐志摩让沈从文出离悲痛生出古怪的感觉。这个平常衣着一丝不苟的人，在他最后一刻，不嫌脏，不怕静，任人装扮，被土制的香烟缭绕。听说失事飞机残骸运到了车站，大家都到车站去看。雨越下越大，出庙时各人两脚都要涉水而过。到了车站，却遍寻不着，众人只得回到福缘庵。

张禹九和徐积锴是下午5点从上海赶到济南的。晚上8点半，棺柩运上11点南下的列车，上海来的亲友同车护灵南归。从北平来的几个朋友当晚留宿济南，第二天到出事地点吊唁，沈从文当夜回了青岛。

棺木运到上海万国殡仪馆，有人向张幼仪提出重殓，她竭力反对，徐志摩总算得以原殓服装入葬。12月20日，公祭仪式在上海举行。随即灵柩运返硖石，第二年春开吊后，棺木入椁，安葬于硖石东山万石窝。

徐志摩搭上那架坠落在泰山附近的飞机前，在上海同陆小曼大吵一架。据王映霞回忆，当日徐志摩苦劝陆小曼戒烟，哪知陆大发脾气，随手把烟枪往徐脸上掷去，他赶忙躲开，金丝边眼镜掉在地上，玻璃碎了，两人不欢而散。

隔天，徐志摩的死讯传来，陆小曼目瞪口呆，僵若木鸡。郁达夫曾亲见她的悲恸，痛至麻木无言该是绝境了。而谴责的声音也从各个方面潮水般如期而至，她全然没有任性的情绪，亦不辩白。她确是挥霍了来之不易的幸福，而空余一颗悔恨的心。她直到一个月后，才有较清晰的神志和足够的力量写悼念亡夫的文字，这篇《哭摩》无疑是所有怀念徐志摩的文章中最感人的一篇，又有谁能体谅曾艰苦卓绝地斗争而获得的幸福却被她经营成隐忍与折磨，最后突然间灰飞烟灭的绝望？一无所有的陆小曼以更深的精神颓废和身体痛苦偿还她过往的无知和任性。她以血泪化成这样的文字："这不是做梦么？生龙活虎似的你倒先我而去，留着一个病恹恹的我单独与这满是荆棘的前途奋斗。""你叫我从此怎样度此孤单的日月呢？""事到如今我一点也不怨，怨谁好？恨谁好？你我五年的相聚只是幻影，不怪你忍心去，只怪我无福留，我是太薄命了，十年来受尽千般的精神痛苦，万样的心灵摧残，直将我这颗心打得破碎得不可收拾，今天才真变了死灰的了，也再不会发出怎样的光彩了。"

当初，是徐志摩追着赶着把陆小曼拉进自己的生活，但他注定无法改变这个女人的生活观念和方式；后来，是陆小曼逼着闹着把徐志摩推到终日为生计疲于奔命的境地，她的投靠终究不成功。两个感情丰富却意志薄弱的人，各自奋力跃出生活的庸常向着天堂奔，怀着对自由、理想、美满结局的无限信任。如果足够侥幸，或许度过浮躁忙乱的青春，他们会磨合着相互体恤相依为命到白头，但一切转眼间成了空。

徐志摩离去后，陆小曼在年底为诗集《云游》写序。1936年将两人的书信、日记编成《爱眉小札》出版。1947年初，再编《志摩日记》，同时为《志摩全集》的出版而努力，她一直将商务印书馆几经周折没能印行的全集纸型和清样悉心保管着。1983年，香港商务印书馆出版的10卷5册《徐志摩全集》就利用了原纸型翻成胶版印行，终于了却了她多年的夙愿。至于新月社的同人则整个儿地离她而去。第一年，胡适还与她偶有书信往来，大多是关于徐志摩生前未领薪金的转交，或是徐申如每月给她250元的兑回事宜，后来也逐渐断了联络。好在生活上，翁瑞午一直照应她的起居用度，她也逐渐振作，潜心习画，还写过一个短篇小说《皇家饭店》。1956年起，她担任了上海文史馆馆员，

1959年又到上海市人民政府参事室任参事。她仿佛一个历史的遗迹，一块褪去昔日所有光彩的旧砖，青灯素面，度尽残生。1965年4月3日，陆小曼病逝于上海华东医院，终年60岁。

徐申如是从张幼仪那里得知儿子死讯的。据张幼仪晚年回忆，当时他只是说了句："好，那就算了吧。"在他还能掌控儿子言行时，他曾经为徐志摩谋得一门好亲，并设计好一条通往金融界甚至政界的前途。但徐志摩只按他的设计走到24岁。这个独子后来成为他根本无法交流的诗人，又迎娶一个在他看来会败光他家产的女人。于是，他决意分家，并声言不再分担儿子的日常开销。这未必不是好事，徐志摩从此被逼上独立谋生的路，承担一个成年人的责任。但生活已经在1926年的那场婚礼之后变了调，以致徐申如的任何决定都不会带来皆大欢喜的结局。对于儿子的突然亡故，他说"好，那就算了吧"，其间的幻灭可能比陆小曼更沉痛。因为他一直认为，儿子走文学的路不可理喻，失败是从那时便成形了。1944年3月，徐申如病逝于上海。

1946年春，张幼仪母子葬徐申如于徐志摩墓上首，并请张宗祥书碑"诗人徐志摩之墓"。"文化大革命"时徐志摩墓被毁，墓室内物荡然无存。直到1981年，东山中学教员许逸云先生寻获墓碑，碑石基本完好。1983年春，徐志摩墓在硖石西山白水泉坡重建，墓前仍是60年前的碑石，而墓室里除了一块刻有铭文的庐山金星石，别无他物。

如今，西山是硖石居民们晨练的地方。山很小，林也不深。有人天天路过却从不停留，有人每年清明专程赶来只为驻足片刻。徐志摩在1928年译过英国"先拉斐尔派"女诗人克里斯蒂娜·罗赛蒂（Christina G.Rossetti）的诗《当我离开人间，最亲爱的》（*When I Am Dead, My Dearest*），诗里有种洗尽铅华后的沉静与风流：

我死了的时候，亲爱的，
　　别为我唱悲伤的歌；
我坟上不必安插蔷薇，
　　也无须浓荫的柏树；

让盖着我的青青的草
　　淋着雨，也沾着露珠；
假如你愿意，请记着我，
　　要是你甘心，忘了我。

我再也不见地面的青荫，
　　觉不到雨露的甜蜜；
再听不见夜莺的歌喉
　　在黑夜里倾吐悲啼；
在悠久的昏暮中迷惘，
　　阳光不升起，也不消翳；
我也许，也许我记得你，
　　我也许，我也许忘记。

大事年表

1897年（光绪二十三年）　1岁

1月15日（光绪二十二年农历十二月十三日酉时）生于浙江省海宁县硖石镇。谱名章垿，初字槱，小字幼申。1918年赴美留学后更字志摩。

1900年（光绪二十六年）　4岁

入家塾读书，从师孙荫轩。

1901年（光绪二十七年）　5岁

读家塾。复从师查桐荪。

1907年（光绪三十三年）　11岁

入硖石开智学堂，从师张树森。

1909年（宣统元年）　13岁

冬，毕业于硖石开智学堂。古文成绩佳。

1910年（宣统二年）　14岁

春，经沈钧儒介绍，入杭州府中学堂读书，与郁达夫同班。

1911年（宣统三年）　15岁

秋，辛亥革命爆发，杭州府中学堂停办，回硖石休学在家。

1913年（民国二年）　17岁

春，杭州府中学堂复办，改名为杭州第一中学，复入校读书。并在校刊《友声》第一期发表第一篇文章《论小说与社会之关系》。

1915年（民国四年）　19岁

夏，毕业于杭州第一中学。

秋，考入上海浸信会学院（上海沪江大学前身）。

10月29日，与张幼仪结婚。

1916年（民国五年）　20岁

春，肄业于上海沪江大学。

秋，入天津北洋大学法科预科学习。

1917年（民国六年）　21岁

秋，北洋大学法科并入北京大学，转入北京大学法学院修政治学。

1918年（民国七年）　22岁

4月22日，长子积锴生于硖石。

6月，拜师梁启超。

7月，离京南下。

8月，从上海启程赴美留学。

9月，入美国克拉克大学。

1919年（民国八年）　23岁

6月，从克拉克大学毕业，得一等荣誉奖。

9月，入哥伦比亚大学研究院经济系。

1920年（民国九年）　24岁

9月，从哥伦比亚大学毕业，放弃在本校修博士学位机会赴英国，入伦敦大学政治经济学院，跟从哈罗德·拉斯基（Harold Laski）教授学习，拟攻博士学位；经陈源（西滢）介绍结识文学家威尔斯（H.G.Wells），又认识了汉学家亚瑟·韦利（Arthur Waley）和劳伦斯·比尼恩（Laurence Binyon），开始对文学产生极大兴趣。

冬，在伦敦遇林长民，结识狄更生、林徽因。稍后，张幼仪到伦敦陪读。

1921年（民国十年）　25岁

春，经狄更生介绍，入剑桥大学国王学院当特别生。

4月15日，发表论文《爱因斯坦相对论》（《改造》第三卷第八期）；6月15日，发表论文《罗素游俄记书后》和《评韦尔斯之游俄记》（《改造》第三卷第十期）。秋，向张幼仪提出离婚，已有身孕的张幼仪被迫赴法投奔二哥张君劢。

10月，拜会罗素。

11月，作诗《草上的露珠儿》。这是迄今发现的徐志摩最早的诗作。

1922年（民国十一年）　26岁

1月31日，徐志摩译华兹华斯《葛露水》，是他最早的译诗。

2月24日，次子德生生于柏林。

3月，在德国与张幼仪离婚。

7月，在伦敦会见英国女作家曼殊斐儿，交谈中她给徐志摩留下深刻的印象。

10月15日，从英国返回中国。10月底，同父亲徐申如一起到南京拜望正在那里讲学的梁启超。

11月初，《徐志摩张幼仪离婚通告》在《新浙江·新朋友》两次刊登。

1923年（民国十二年） 27岁

1月2日，梁启超为徐志摩离婚事写长信劝诫，但未奏效。

在《努力周报》《时事新报·学灯》《晨报副刊》《小说月报》上接连发表大量新诗、评论及翻译作品，声名鹊起。

5月，译作《涡堤孩》（戈塞著）由中华书局出版。

7月，应梁启超之邀，到南开大学暑期班讲课两周，讲稿后由赵景深整理，收入1925年新文化出版社出版的《近代文学丛谈》。

9月，写《西湖记》；与正在杭州烟霞洞休养的胡适多有长谈，自此建立深厚友谊；与胡适、任叔永、陈衡哲、朱经农、马君武、陶行知等10人到海盐观潮，风雅际会。

冬，住硖石东山祠堂。

1924年（民国十三年） 28岁

2月中旬，离硖石经上海去北京。到京后梁启超便安排他到正在筹备的松坡图书馆第二馆做英文秘书。

春，新月俱乐部成立。

4月12日，印度诗人泰戈尔访华到上海，徐志摩代表北方学界前往欢迎，并担任翻译。4月23日，徐志摩陪同泰戈尔到达北京。5月8日，为庆祝泰戈尔64岁生日，演出泰戈尔的戏剧《齐德拉》，林徽因扮演公主齐德拉，徐志摩扮演爱神。6月，随泰戈尔赴日。

是年，与陆小曼相识。

1925年（民国十四年） 29岁

2月，与陆小曼恋爱。

3月10日，出国，经苏联抵德国，随后旅行意大利、法国等，遍谒名人坟墓。3月19日，次子德生因腹膜炎殇于柏林，徐志摩于26日到达柏林，已来不及见面。5月初，在佛罗伦萨开始写《欧游漫录》。7月到伦敦探望罗素、狄更生等老友。7月底匆匆回国。

8月9日，开始写《爱眉日记》，至9月17日写完。追陆小曼到上海。

8月，第一部诗集《志摩的诗》在中华书局出版（1928年新月书店再版）。共收55首诗。

10月1日，应陈博生邀接编北京《晨报副刊》。月初，陆小曼与王赓离婚，从上海到北京。

1926年（民国十五年）　30岁

4月1日，《晨报副刊·诗镌》创刊，任主编，6月10日停刊。

6月17日，《晨报副刊·剧刊》创刊，任主编，9月23日停刊。

6月，第一部散文集《落叶》由北新书局出版。

10月3日，与陆小曼结婚。年底到上海。

是年，在光华大学任教，设翻译、英国小说流派等课程，兼东吴大学法学院英文教授。

1927年（民国十六年）　31岁

4月，译作集《英国曼殊斐儿小说集》由北新书局出版。

春，与胡适、邵洵美、潘光旦、闻一多、余上沅等在上海筹办新月书店。

6月，译作《赣第德》由北新书局出版。

7月1日，新月书店开张。

8月，译作《玛丽玛丽》（与沈性仁合译）、第二部散文集《巴黎的鳞爪》均由新月书店出版。

9月，第二部诗集《翡冷翠的一夜》由新月书店出版。

冬，筹办《新月》月刊，拟任主编。

1928年（民国十七年）　32岁

1月，第三部散文集《自剖》由新月书店出版。

3月10日，徐志摩与闻一多、饶孟侃、叶公超等创办编辑《新月》月刊。后期主要由胡适、梁实秋、罗隆基、叶公超等参加主编。

3月，《志摩的诗》由新月书店重印，徐志摩删去初版中的14首诗。

6月中旬，出国，到日、美、英、法、印度等国，年底返回。

是年，仍在光华大学、东吴大学、大夏大学等校授课。

1929年（民国十八年） 33岁

1月19日，梁启超在北平逝世，徐志摩参加梁启超的悼念活动。

上半年，辞去东吴大学、大夏大学教授之职，应中华书局之聘，兼任中华书局编辑之职。

7月起，《新月》由梁实秋一人主编，徐志摩离开编辑部。

9月，应聘任南京中央大学教授，讲授西洋诗歌、西洋名著选等课程，与中央大学学生陈梦家等相识。开始在沪宁之间奔波。

年底，应聘兼任上海大东书局编辑。

1930年（民国十九年） 34岁

4月，小说集《轮盘》由中华书局出版。

冬，光华大学闹风潮，离开光华大学。

1931年（民国二十年） 35岁

1月，《诗刊》创刊，任主编。

2月，应胡适邀请，辞去南京中央大学之职，到北京大学英文系任教授，并兼任北京女子大学教授。

4月23日，母亲病逝。

8月，第三部诗集《猛虎集》由新月书店出版。

11月11日，为蒋（百里）宅出售事宜南下，13日到达上海。19日，由南京乘飞机去北平，途中遇雾，触济南党家庄附近的开山，机坠遇难。

参考文献

《徐志摩全集》（1—6辑），台北传记文学出版社1980年版。

《徐志摩文集》，商务印书馆1983年版，上海书店出版社1998年影印。

《徐志摩全集》（1—5卷），广西民族出版社1999年版。

《徐志摩文集补编》（1—4），上海书店出版社1994年影印版。

《徐志摩未刊日记（外四种）》，北京图书馆出版社2003年版。

《徐志摩诗全编》，浙江文艺出版社1987年版。

《徐志摩研究资料》，陕西人民出版社1988年版。

《李欧梵自选集》，上海教育出版社2002年版。

《沈从文全集》，北岳文艺出版社2002年版。

《鲁迅全集》，人民文学出版社1981年版。

《胡适文存三集》，上海书店“民国丛书”第一编，上海书店出版社1989年版。

《胡适往来书信选》，中华书局1979年版。

《吴宓日记（1917—1924）》，三联书店1998年版。

《伍尔夫日记选》，百花文艺出版社1997年版。

《海宁市志》，汉语大词典出版社1995年版。

《醉眼中的世界》，时代文艺出版社1995年版。

《新月》（1—7卷），上海书店出版社1985年影印。

《新月诗选》，新月书店1931年版，上海书店出版社1985年影印。

徐志摩、陆小曼：《爱眉小札》，经济日报出版社2000年版。

陈从周编：《徐志摩年谱》，上海书店出版社1981年重印。海宁市文化名人研究室、海宁市徐志摩研究会编：《徐志摩研究》第二辑。

韩石山选编：《难忘徐志摩》，昆仑出版社2001年版。

梁锡华：《徐志摩新传》，台北联经出版社2000年版。

刘心皇：《徐志摩与陆小曼》，花城出版社1987年版。

张邦梅：《小脚与西服——张幼仪与徐志摩的家变》，谭家瑜译，台北智库股份有限公司1996年版。

赵遐秋：《徐志摩传》，中国人民大学出版社1989年版。

韩石山：《徐志摩传》，北京十月文艺出版社2001年版。

高恒文、桑农：《徐志摩与他生命中的女性》，天津人民出版社2000年版。

柴草编：《陆小曼诗文》，百花文艺出版社2002年版。

梁从诫编：《林徽因文集·文学卷》，百花文艺出版社1999年版。

丁文江编：《梁启超年谱长编》，上海人民出版社1981年版。

王德峰选编：《国性与民德——梁启超文选》，上海远东出版社1995年版。

张品兴编：《梁启超家书》，中国文联出版社2000年版。

耿志云编：《胡适年谱》，四川人民出版社1989年版。

陈西滢：《西滢文录》，辽宁教育出版社2000年版。

陈西滢：《西滢闲话》，上海书店1982年版。

项义华：《人之子——鲁迅传》，浙江人民出版社2003年版。

宋益乔：《新月才子》，山东画报出版社2000年版。

林杉：《一代才女林徽因》，作家出版社1993年版。

林洙：《大匠的困惑：我与梁思成》，作家出版社1991年版。

吴经熊：《超越东西方》，周伟驰译，社会科学文献出版社2002年版。

陶菊隐：《蒋百里传》，中华书局1985年版。

林语堂：《林语堂自传》，江苏文艺出版社1995年版。

中国现代文学馆编：《凌叔华文集》，华夏出版社2001年版。

卞之琳：《人与诗：忆旧说新》，三联书店1984年版。

江弱水：《卞之琳诗艺研究》，安徽教育出版社2000年版。

江弱水：《中西同步与位移——现代诗人丛论》，安徽教育出版社2003年版。

草川未雨：《中国新诗坛的昨日今日和明日》，海音书局1929年版，上海书店出版社1985年影印。

李赋宁译注：《爱略特文学论文集》，百花洲文艺出版社1994年版。

曹聚仁：《文坛五十年》，东方出版中心1997年版。

蒋梦麟：《西潮·新潮》，岳麓书社2000年版。

司马长风：《中国新文学史》上卷，中国香港昭明出版社1975年版。

罗志田：《乱世潜流：民族主义与民国政治》，上海古籍出版社2001年版。

罗志田：《裂变中的传承——20世纪前期的中国文化与学术》，中华书局2003年版。

张枬、王忍之编：《辛亥革命前十年间时论选集》，三联书店1960年版。

史景迁：《天安门——知识分子与中国革命》，中央编译出版社1998年版。

刘群：《新月社的文化策略》，人民出版社2018年版。

［美］费慰梅：《梁思成与林徽因——一对探索中国建筑史的伴侣》，曲莹璞等译，中国文联出版社1997年版。

［美］费正清编：《剑桥中华民国史》下，刘敬坤等译，中国社会科学出版社1998年版。

［美］周策纵：《五四运动史》，多人译，岳麓书社1999年版。